学校に「お掃除先生」やってきた！

子どもも社員も成長する「キレイのタネまき教室」

はじめに

教育課程に総合的な学習の時間が組み込まれた２０００年以降、社会と学校が連携する教育の必要性が注目されるようになりました。変化の激しいこれからの社会を生きる子どもたちにとって、直面するさまざまな課題に自ら取り組み、仲間とともに解決していく意欲や能力が不可欠なものだと言われるようになったからです。

しかし、それらは教科書の知識を覚え、再現するだけの授業で習得できるものではありません。教科書だけでは学ぶことのできない、今まさに社会で課題になっているようなテーマ（国際理解、環境問題、福祉、人権、地域理解、防災、生き方など）に対して取り組む学びが、学校教育の現場にも求められるようになりました。

「教育は学校と家庭の役割」一昔前まではこのような考えを耳にすることもありましたが、社会の変化と共に、今では国が「次世代を担う子どもたちの育成は学校、家庭、地域社会、産業界……。つまり社会総がかりで担うことが必須である」と明言するまでになっています。そのような流れの中、近年では学校が企業や地域の大人など、さまざまな分野の専門家と連携して授業を行うことも増えてきました。中でも、企業や地域の方々が直接子どもたちに授業を行う〝出前授業〟は、高い教育効果が得られることから積極的に取り入れる学校が急増しています。

企業によるこれらの活動は「CSR活動」(corporate social responsibility：企業の社会的責任)と言われ、そこには利益を追求するのではなく、自らの組織活動が社会に与える影響に責任を持つ、という意味があります。法令順守、環境への配慮など、さまざまな取り組みがありますが、中でも教育現場への講師派遣や教材の開発・提供、施設見学受け入れ、職場体験受け入れなど、企業が社会の一員として取り組む教育活動は「教育CSR」と呼ばれています。

現在ダスキンでは、教育CSR活動として「教員向けセミナー(小・中学校教員対象)」、「キレイのタネまき教室(小学校への出前授業)」などの学校教育支援活動を行っていますが、この活動を推進するダスキンお掃除教育研究所(掃育研)の私たちは、2000年の発足時、迷いを感じていました。

「この活動は本当に必要なのか？　教壇に掃除の会社の人間が立っていいのか？」

しかし、ある教育委員会で教員向けセミナーの説明をした際、先生から『あなたがたの熱意が伝わりました。教育向けセミナーを成功させましょう。』という言葉をもらい、ハッとしました。迷いながらも一生懸命学校現場を回るうちに、「この活動、そして自分たちのやっている事は必要なことなんだ」という想いが、自分たちの中に育っていたことを実感した瞬間でした。

ところで、CSR活動は広い意味で「社会貢献活動」という言葉に置き換えられることから、ボランティア、奉仕活動というイメージを抱く人も少なくありません。しかし、CSR活動の持つ本来の意味や企業が目指すものはそれだけではないのです。

学校教育支援活動に関わる社員から「自分が講師として先生方の前で話をするようになってから、業務のプレゼンテーションがうまく出来るようになりました」「一緒にプログラムを考えた先生方から、子どもたちに対する思いや姿勢を学びました」「この活動を推進するメンバーと一緒に活動する中で、仕事の上で目標となる存在の方と出会えました」

というような声が、たくさん生まれています。

ＣＳＲ活動が企業にもたらすメリットは、このような社員の成長にも見ることができます。社員一人ひとりの小さな意識改革は、やがて企業の未来をつくるエネルギー源となるでしょう。教育ＣＳＲ活動は子どもだけでなく、企業の成長を支える取り組みでもあるのです。

本書は、ダスキンに寄せられる教育ＣＳＲ活動に関する問い合わせに応える意味も含め、これまでの学校教育支援活動の取り組みについてまとめると共に、「掃除を通して未来を担う子どもたちの力を伸ばしたい」という想いを込めて制作しました。学校の先生や子どもたち、保護者の皆様、ダスキン本部と共に活動してくださっている加盟店（※）の方々、そして次世代育成への貢献に奮闘する全ての方々のお役に立てれば幸いです。

※：ダスキンはフランチャイズシステムを導入し、全国各地域の企業や事業者が事業加盟契約のもと、ダスキンの加盟店として事業活動を行っています。

特別寄稿

東京学芸大学　名誉教授　大竹 美登利 先生

ダスキンとの出会い

ダスキンはこれまで学校の掃除の取り組みに関してさまざまな活動を展開していました。例えば、掃除に関するアンケート調査や、小学校に赴いて子どもたちに掃除を指導する出前授業、学校で実際に掃除を指導されている先生方と共に学校掃除のカリキュラムを作ったことなどです。掃除の専門という立場からは掃除の指導内容に自信はあったと思いますが、教育の専門からみてダスキンの取り組みが妥当なのかに不安をもち、専門家から指導を仰ぎたいと思われていたようです。そこで、教育・保育事業のコンサルティング会社である株式会社キャリアリンクに相談されました。キャリアリンクは東京学芸大学の他のプロジェクトのコンサルティングをしていたこともあり、私に協力してくれないかと話がありました。

私は学校教育の中の家庭科という教科を専門とし、家庭科の歴史や学習内容、学習状況や授業方法などの研究や開発などに取り組んでいました。家庭科は衣食住、子ども、家庭経営などの知識理解とともにその実践力を育む教科であり、掃除は住生活の中で学習されています。しかし、毎日昼休みなどに児童生徒が行う学校掃除はこの教科指導と異なり、学校の学習を規定している学習指導要領では特別活動の一つの活動として取り上げられています。その領域で一定の研究蓄積はありますが、指導法の研究は必ずしも多くはないようです。掃除指導の効果に関する研究は、家庭科の衣食住の指導方法として取り組んでおり、したがってその視点からの研究で良いならということで、ダスキンとの学校掃除に関する共同研究が始まりました。

家庭科の学問的基盤として、生活を総合的・実践的に研究している家政学があります。ダスキン暮らしの快適化生活研究所（現：ダスキンお掃除教育研究所）も家政学会の会員であり、学問基盤が共通していたことも、共同研究に取り組む素地があったのであろうと考えています。

ダスキンとの共同研究で大事にしたこと

授業では、その学習の目標が変われば授業の展開も変わります。また、紙媒体の資料を使う、ビデオを使う、実際に作ってみるなどの、授業で用いる教材の違いで、子どもたちの学習活動は相違し、そこで身につく力も相違します。また授業は教員と子どもたちとの人間関係の中で成り立っており、したがって同じ目標で同じ教材を使っても、教員が違えば、また子どもたちが違えば、授業展開は相違し、学びも違ってきます。

学習の効果がどの程度あったかは、テストのような問題で知識量を測ったり、アンケート調査や聞き取り、あるいは観察など多様な方法で、理解度や活用力、実践力などを把握します。その方法の効果を正確に把握するには、目標や教材などを同一にして指導し、その結果を比較するのが一般です。しかし、ダスキンでは、各クラスの掃除の目標は各教員に任せていました。教員自身で指導目標を立てることから掃除の指導は始まるというポリシーを持っていました。各教員の指導目標が違うと研究的には正確に比較できるデータが取れなくなりますが、ダスキンの姿勢を大事にし、その範囲でできることに取り組み、一定の効果は確認できました。

児童・生徒の学習への主体的な取り組みが重要であると現在言われていますが、教員も同様に、主体的な授業への取り組みが大事であることを実感した次第です。

本研究の意義

各教科では、学習指導要領に書かれた学習の目標にそって指導計画を立てます。学校教育ではこの授業計画を学習指導案という独特の書式に従って作成し、その計画に沿って授業を進めます。その授業で何を子どもたちに身につけてほしいかという明確なビジョンの下に、どのように授業展開するかを意識しながら授業を行うのです。この指導案で描かれた授業のビジョンが明確になっていることは、効果的で良い授業を進める基本です。企業経営でビジョンが大切なのと同じです。

学校掃除にはこの指導案の作成が求められていません。これまでも、漠然とした指導目標などは教員の頭の中にあり、それにそって指導していたと思います。今回のダスキンの取り組みでは指導案を書くまではしませんでしたが、それに近い指導の目標や取り組みの方法を先生に意識化させた意義は大きいと思います。その結果、成果もありました。毎日たった15分の取り組みですが、小学校1年生から高校3年生までの12年間行うと、家庭科の授業の約3倍の時間を使って取り組んでいることになります。この貴重な学習機会を、子どもたちの充実した学習につなげられた意義は大きいでしょう。

この取り組みでホウキの使い方やぞうきんの洗い方、拭き方などの技能が身につきましたが、それだけでなく協力する力や段取り力も身につきました。これは21世紀に求められる生きる力であり、それが身につくことを確認できた意義は大きいでしょう。

ダスキンへの今後の期待

企業のCSRの重要性が叫ばれ、多くの企業が取り組んでいます。企業は本来利益を追求する必要がありますから、CSRも儲ける仕掛けと結びついているのではないか、と誤解される場合もありますが、ダスキンの担当者はそのような姿勢はまったく見せませんでした。学校掃除の道具はホウキとチリトリ、ぞうきんです。多くの家庭では現在は掃除機とモップを使っていますし、ダスキンはモップ提供がビジネスの中心です。にもかかわらず、ホウキとチリトリ、ぞうきんを使った掃除の仕方を学ぶプログラムは、あくまで、学校文化にそった、学校のニーズに応えることを大事にした内容になっています。研究に協力してくれた学校では、逆にその点を不思議がられたこともありましたが、その徹底した姿勢が、これだけ多くの教育委員会や学校の取り組みにつながったのだと思います。今後も学校掃除を通じた質の高い学習を全国で展開していくために、是非この点は大事にしていってほしいと思います。

本活動は、ダスキンにとって直接的な利益には結びつかなかったかもしれませんが、学校掃除に関わることで、掃除の専門家であるという意識が社員に芽生え、自信を付けていったという話を聞きました。ＣＳＲの本質でもある「社会的責任を果たす」活動に真摯に取り組むことが、こうした間接的な効果を企業にもたらすのだと思いました。多くの企業も、こうしたＣＳＲの取り組みをさらに進めていって頂きたいと思いますし、ダスキンにはその範を示すことを期待します。

目次

第1章

「なぜ掃除をするのか」子どもたちに伝えられますか？

■掃除は誰が教えるもの？

変わる学校、変わらない学校掃除

ダスキンお掃除教育研究所（以降、掃育研※１）では、２０００年より学校掃除について先生方と協働で調査や研究を行ってきました。約20年の活動の中で、学校現場では「総合的な学習の時間」や「外国語活動」が導入され、授業においてもパソコンやプロジェクター、電子黒板等の使用、児童・生徒もタブレットパソコンを使用して学ぶようになるなど、さまざまな変化が起こっていることを実感してまいりました。

一方、学校掃除についてはどうでしょうか。地域や学校によって異学年がグループとなって行う「縦割り清掃※２」など、掃除時間を有意義に活用しようという学校ならではの取り組みは見受けられるものの、使われている掃除用具や、掃除方法などに大きな変化はありません。

この章では、掃育研が長年にわたり行っている、子どもたちや先生方、保護者を対象とした掃除に対する実態調査や、先生方へのヒアリングをもとに、今の学校掃除について探るとともに、掃育研のこれまでの活動の経緯についてご紹介します。

※１：ダスキンお掃除教育研究所…２０００年に生活情報及び生活様式に関する情報収集と分析を目的とした「暮らしの快適化生活研究所」が設立。２０１６年度よりダスキンの社会貢献活動の一環である学校教育支援活動に特化した現在の組織に改編。
※２：縦割り清掃…１年生～６年生の子どもたちが、ひとつの掃除場所を協力しあって掃除を行う。異学年の子どもたちが交流することにより、年齢を超えた仲間意識を育てるとともに、その学年に応じた役割を担う。

学校の掃除は誰がするもの？

昼休み、あるいは放課後に、児童・生徒が自分たちで行う学校掃除。つい、遊んでしまって先生に叱られたり、男子と女子が言い合いになったり、そんな場面を懐かしく思い出す人も多いのではないでしょうか。何年も変わらないように見える、世代を越えての共通体験ともいえる学校掃除の始まりは、日本では江戸時代、寺子屋がその起源だと言われています。その背景には「掃除は単に身辺をきれいにするだけでなく『心の掃除』にも通じる」

という東洋の宗教的思想の影響がありました。しかし世界に目を向けると、子どもたちが自分たちの学校を掃除をする国は意外と少ないのです。

その一方で、近年ではエジプトの「Oasis International School」の統括長一行が、学校掃除を初めとする特別授業についての視察で、日本の掃除を学ぼうとする動きもみられます。

子どもに掃除を教えるのは誰の役目か？

では、そもそも掃除の大切さや方法を、子どもたちに教えるのは誰の役目なのでしょうか。掃育研が２０１５年に全国の小・中学校の教員４１４名、小・中学校のお子様をもつ保護者６２０名を対象に行ったインターネット調査によると、「掃除の大切さや掃除方法、掃除用具の使い方など、児童・生徒に教えることに対してどのようにお考えですか？」という質問に対し、教員の回答は以下の通りでした。（P．24　調査1参照）

「掃除は基本的に家庭でしつけとして教えるべきものである」……26．1％

「掃除は学校で教えるべきである」……５．８％
「掃除は家庭と学校で連携して教えるものである」……67．６％
「掃除の重要性は教える必要のない知識であり、必要な時に子ども自身が自分で習得すればよい」……０．５％

また、同じ質問に対する保護者の回答は以下のとおりです。（P．24　調査２参照）

「掃除は基本的に家庭でしつけとして教えるべきものである」……60．０％
「掃除は学校で教えるべきである」……１．８％
「掃除は家庭と学校で連携して教えるものである」……33．７％
「掃除の重要性は教える必要のない知識であり、必要な時に子ども自身が自分で習得すればよい」……４．５％

教員対象

Q. 掃除の大切さや掃除方法、掃除用具の使い方など、児童・生徒に教えることに対してどのようにお考えですか。

（単数回答）

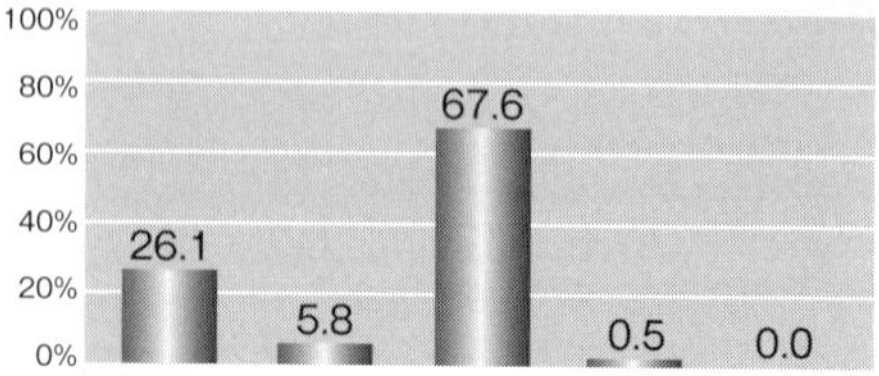

	n=	掃除は基本的に家庭でしつけとして教えるべきものである	掃除は学校で教えるべきである	掃除は家庭と学校で連携して教えるものである	掃除の重要性は教える必要のない知識であり、必要な時に子供自身が自分で習得すればよい	その他
全体	(414)	26.1	5.8	67.6	0.5	0.0
小学校_教員	(208)	26.0	6.7	67.3	0.0	0.0
中学校_教員	(206)	26.2	4.9	68.0	1.0	0.0

調査1：学校掃除における実態調査(2015年度)

保護者対象

Q. 掃除の大切さや掃除方法、掃除用具の使い方など、お子さまに教えることに対してどのようにお考えですか。

（単数回答）

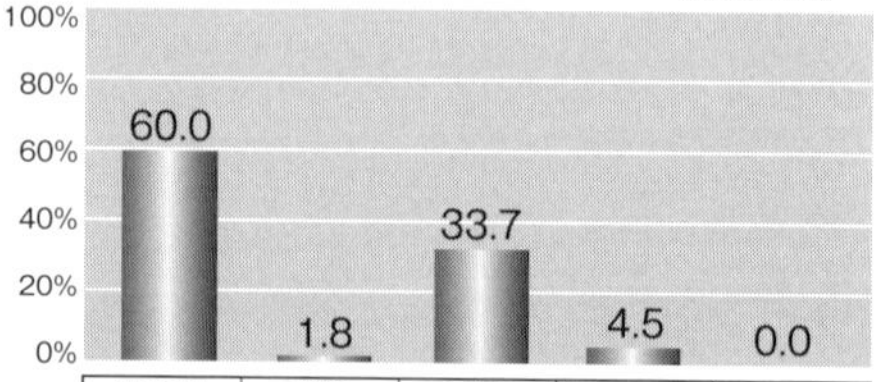

	n=	掃除は基本的に家庭でしつけとして教えるべきものである	掃除は学校で教えるべきである	掃除は家庭と学校で連携して教えるものである	掃除の重要性は教える必要のない知識であり、必要な時に子供自身が自分で習得すればよい	その他
全体	(620)	60.0	1.8	33.7	4.5	0.0
小学校_教員	(465)	59.6	1.7	35.5	3.2	0.0
中学校_教員	(155)	61.3	1.9	28.4	8.4	0.0

調査2：学校掃除における実態調査(2015年度)

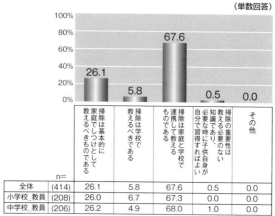

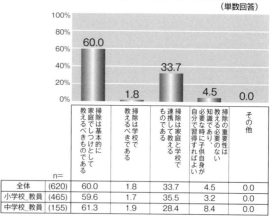

この調査結果から、教員も保護者も比率の違いはあるにせよ、子どもたちの周りにいる大人が掃除の大切さややり方を教えなければならないと感じていることがわかります。しかし、その一方で「自分自身も掃除が苦手」「掃除のやり方に自信がない」など、不安や悩みの声を聞くことがあるのも現実です。

■大学で掃除の指導方法は学ばない、教育現場での迷い

教員個人に委ねられる掃除指導

学校で使う掃除用具は、ホウキ・チリトリ・ぞうきんなど、昔も今も変わっていません。では家庭で使う掃除用具の主流はというと、掃除機やモップなど、学校で使う掃除用具とは異なるのです。家にホウキやぞうきんがないご家庭もあるかもしれません。すなわち、小学校教員は、入学してきた1年生の子どもたちに、ホウキやぞうきんの持ち方から指導しなくてはいけないということになります。（P.26 調査3参照）

教員対象

Q. 学校で使用する掃除用具は何ですか。（複数回答）

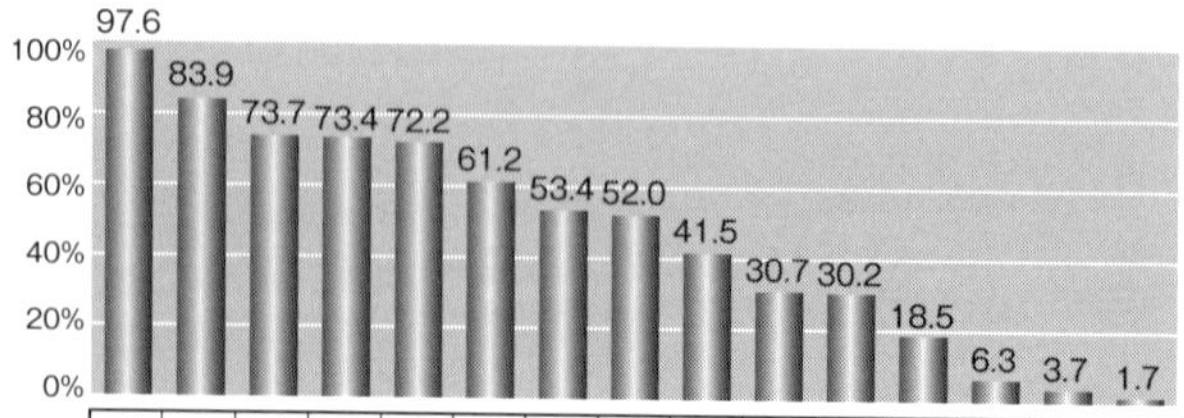

	n=	ぞうきん	ちりとり	柄の長い先がT字型のホウキ（自在ボウキ）	トイレブラシ	ホウキ（座敷ボウキ）	スポンジ	外用ホウキ（竹箒・熊手）	デッキブラシ	亀の子たわし	掃除機他	床用ドライモップ（ダスキンモップなど）	水モップ	はたき	ハンディドライモップ	その他
全体	(620)	97.6	83.9	73.7	73.4	72.2	61.2	53.4	52.0	41.5	30.7	30.2	18.5	6.3	3.7	1.7
小学校_教員	(465)	99.5	86.0	68.1	67.6	78.3	61.8	54.6	47.3	44.0	26.6	32.4	14.0	10.1	3.9	1.9
中学校_教員	(155)	95.6	81.8	79.3	79.3	66.0	60.6	52.2	56.7	38.9	35.0	28.1	23.2	2.5	3.4	1.5

調査3：教員からみた学校掃除に関する実態調査(2015年度)

ではそもそも教員になる前に、掃除の指導方法を学ぶ機会はあるのでしょうか。先生方にお聞きしたところ、大学で教職課程をとっても、具体的な掃除のやり方や指導方法は学ばないということがわかりました。教員になって初めて掃除の指導をしなければならないという場面に直面するわけですから、戸惑いを感じるのも無理はないのかもしれません。

掃除指導については、学習指導要領（※1）に「清掃などの当番活動等の役割と働くことの意義の理解を促す教育活動」と書かれているだけで、具体的な掃除のやり方については、記述されていないようです。

つまり、何をどう教えるかは、先生方個人

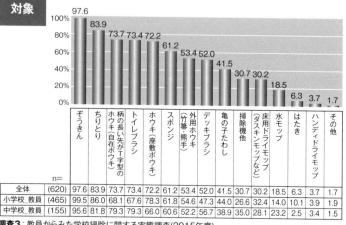

教員対象

Q. 掃除に対する知識や情報はどこから入手されますか。（複数回答）

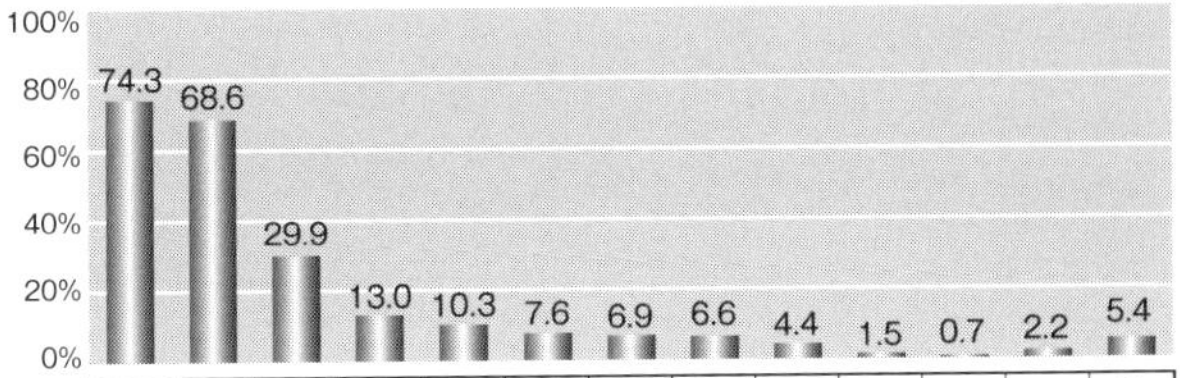

	n=	子供のとき、親や祖父母や兄弟から	子供のとき、学校で先生から	職場や同僚の人から	教育関係の情報誌や専門誌で	インターネット	書籍（ノウハウ本）	友人・知人	一般の雑誌	新聞	フリーペーパー（サンケイリビング等）	近所の人から	その他	特にない
全体	(408)	74.3	68.6	29.9	13.0	10.3	7.6	6.9	6.6	4.4	1.5	0.7	2.2	5.4
小学校_教員	(205)	75.1	72.2	33.2	19.5	10.2	7.8	8.8	8.8	5.4	1.0	1.0	1.5	5.4
中学校_教員	(203)	73.4	65.0	26.6	6.4	10.3	7.4	4.9	4.4	3.4	2.0	0.5	3.0	5.4

調査4：教員からみた学校掃除に関する実態調査（2015年度）

の知識と判断によって行われているのです。

　では、先生方はどうやって掃除の知識を得ているのでしょうか？（P.27調査4）によると「子どものとき、親や祖父母や兄弟から教わった」が最も多く74.3％、次に「子どものとき、学校で先生に教わった」が68.6％となっており、教員がもっている知識・情報も、子どもの頃に周りの大人から学んだものだということがわかります。言い換えると、子どもの頃に掃除について学ぶ機会がなかった場合、それを次世代の子どもたちへ伝えていくということは、難しいということが言えるのではないでしょうか。

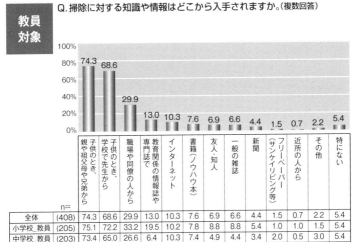

教員対象

Q. 児童・生徒に掃除のやり方を教えていますか。(複数回答)

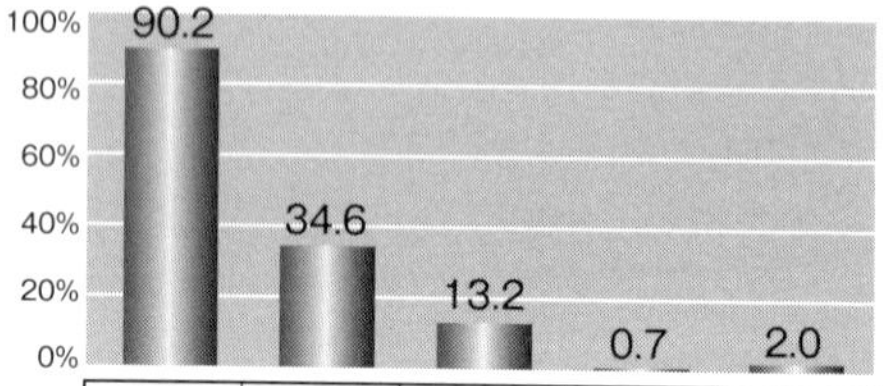

	n=	実際に一緒に掃除をしながら教える	掃除の前や後に、やり方を説明する	授業の中で教えている	その他の方法で教えている	とくに何も教えていない
全体	(410)	90.2	34.6	13.2	0.7	2.0
小学校_低学年_教員	(67)	93.2	41.1	22.7	1.0	1.0
小学校_中学年_教員	(70)	93.2	41.1	22.7	1.0	1.0
小学校_高学年_教員	(70)	93.2	41.1	22.7	1.0	1.0
中学校_教員	(203)	87.2	28.1	3.4	0.5	3.0

調査5：教員からみた学校掃除に関する実態調査 (2015 年度)

また、「児童、生徒に掃除のやり方を教えていますか」という質問に対しては、「実際に一緒に掃除をしながら教える」「掃除の前や後にやり方を説明する」「授業の中で教えている」「その他の方法で教えている」と、何らかの方法で子どもたちに掃除のやり方を教えていると回答しており、「とくに何も教えていない」と答えた教員は2.0%しかおりません。（P.28　調査5参照）

しかし、児童・生徒に同じ質問をすると、「とくに何も教えていない」と答えた児童・生徒は25.5%にのぼり、教員の回答と比較するとかなりの差がみられます。（P.29　調査6参照）

この数字からみると、先生方からみれば

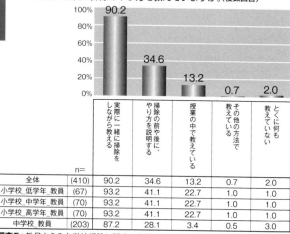

児童・生徒対象

Q. 先生は皆さんに掃除のやり方を教えてくれますか。（複数回答）

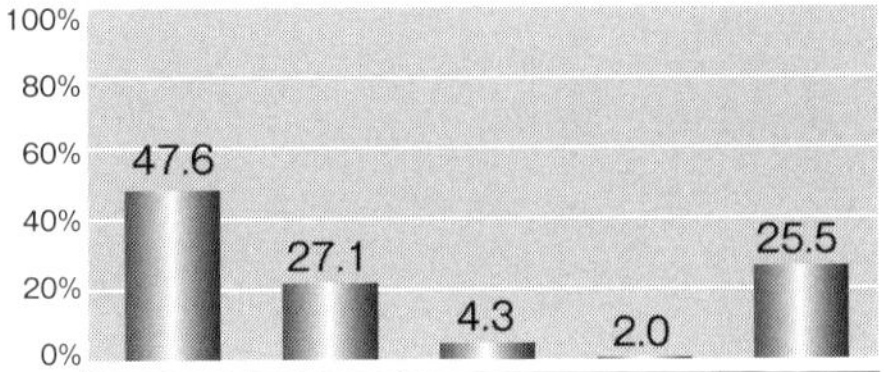

	n=	実際に一緒に掃除をしながら教える	掃除の前や後に、やり方を説明する	授業の中で教えている	その他の方法で教えている	とくに何も教えていない
全体	(601)	47.6	27.1	4.3	2.0	25.5
小学校_低学年	(153)	58.8	26.8	5.9	3.3	15.7
小学校_中学年	(152)	53.3	28.3	3.3	0.7	19.1
小学校_高学年	(148)	43.9	26.4	3.4	2.7	29.1
中学校	(148)	33.8	27.0	4.7	1.4	38.5

調査6：児童・生徒からみた学校掃除に関する実態調査（2015年度）

「教えているつもり」でも、子どもたちにとっては伝わっていないということが、言えるのかもしれません。

※1：学習指導要領…全国のどの地域で教育を受けても、一定の水準の教育を受けられるようにするため、文部科学省が、学校教育法等に基づき、各学校で教育課程（カリキュラム）を編成する際の基準を定めたもの。

現代の学校掃除指導が抱える課題

アンケートの自由回答から、先生方の掃除指導に対する戸惑いや悩みは、知識や情報の不足からくるものだけではないということもわかりました。①校舎の老朽化や構造上の問題（運動場からの砂ぼこりが校舎の中に入るなど）により、掃除をしてもきれいになったという達成感を子どもたちが感じることができない、②少子化に伴い、一人当たりの掃除範囲が広くなったことで子どもたちへの負担が大きくなっていること、そして③そのすべてを見て指導しなければいけないことなど、先生方にもさまざまな悩みがあることがわかったのです。社会の変化とともに掃除指導についてもいろいろと問題が出てきていることと、難しくなってきていることを感じています。

また、今の子どもたちの多くは学校から帰ると、宿題はもちろん塾やお稽古ごとなど、忙しい毎日を送っていると聞きます。共働きで家事のスタイルも変化し、昔のように子どもが家のお手伝いをするのは当たり前という状況は減ってきているようです。そんな中、学校における掃除指導は、私たちが思っている以上に、ご苦労が多いものかもしれません。

（参考資料）

教員対象

Q. 学校で掃除をする時間はどれくらいですか。（単数回答）n=410

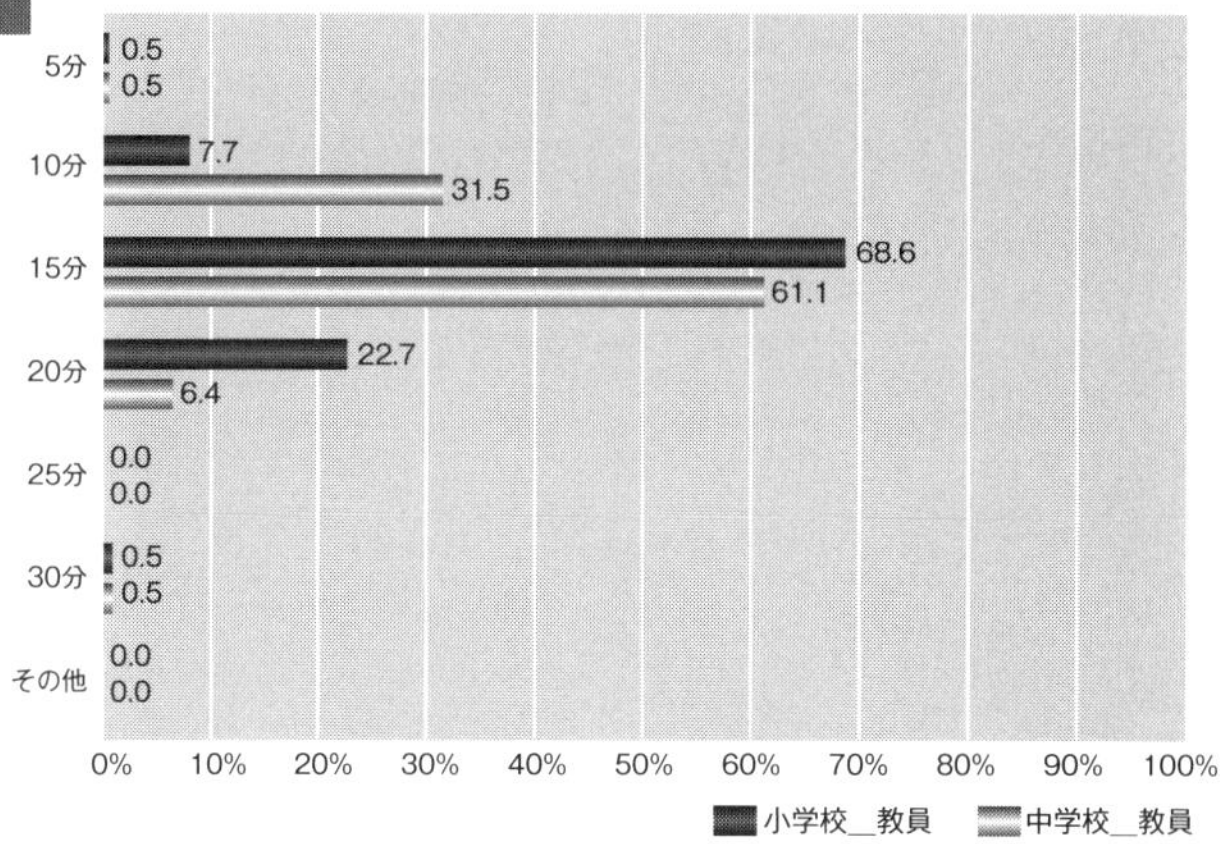

教員対象

Q. 学校で掃除をする時間帯はいつですか。（単数回答）n=410

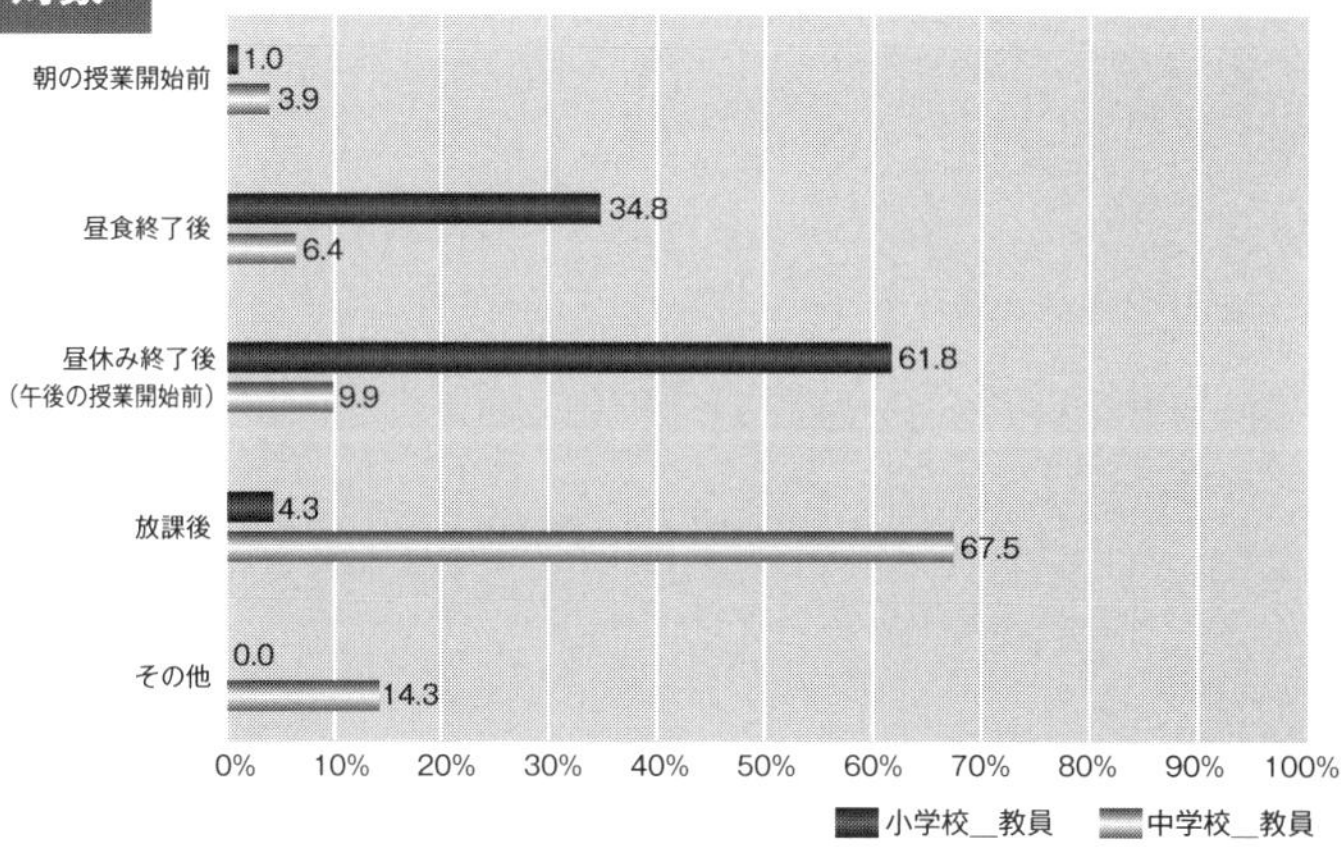

■子どもたちは掃除が好き？　嫌い？

現代の子どもたちが掃除に持つイメージ

現代の子どもたちは、掃除に対してどんなイメージを持っているのでしょうか。掃育研が２０１５年に全国の小・中学生６２０名を対象に行ったインターネット調査（P．33調査７参照）によると「学校の掃除は好きですか？」の質問に対し、「好きなほう」と答えた子どもたちは21．６％、「嫌いなほう」と答えた子どもたち15．８は％、そして「好きではないが嫌いというほどでもない」と答えた子どもたちは62．６％でした。

学校の掃除と家庭の掃除、意識・関心の違い

しかし、これを「家庭での掃除は好きですか」という質問に変えると、この数値はどうなるでしょう？　「好きなほう」と答えた子どもたちは10．５％と半分以下になり、逆に「嫌

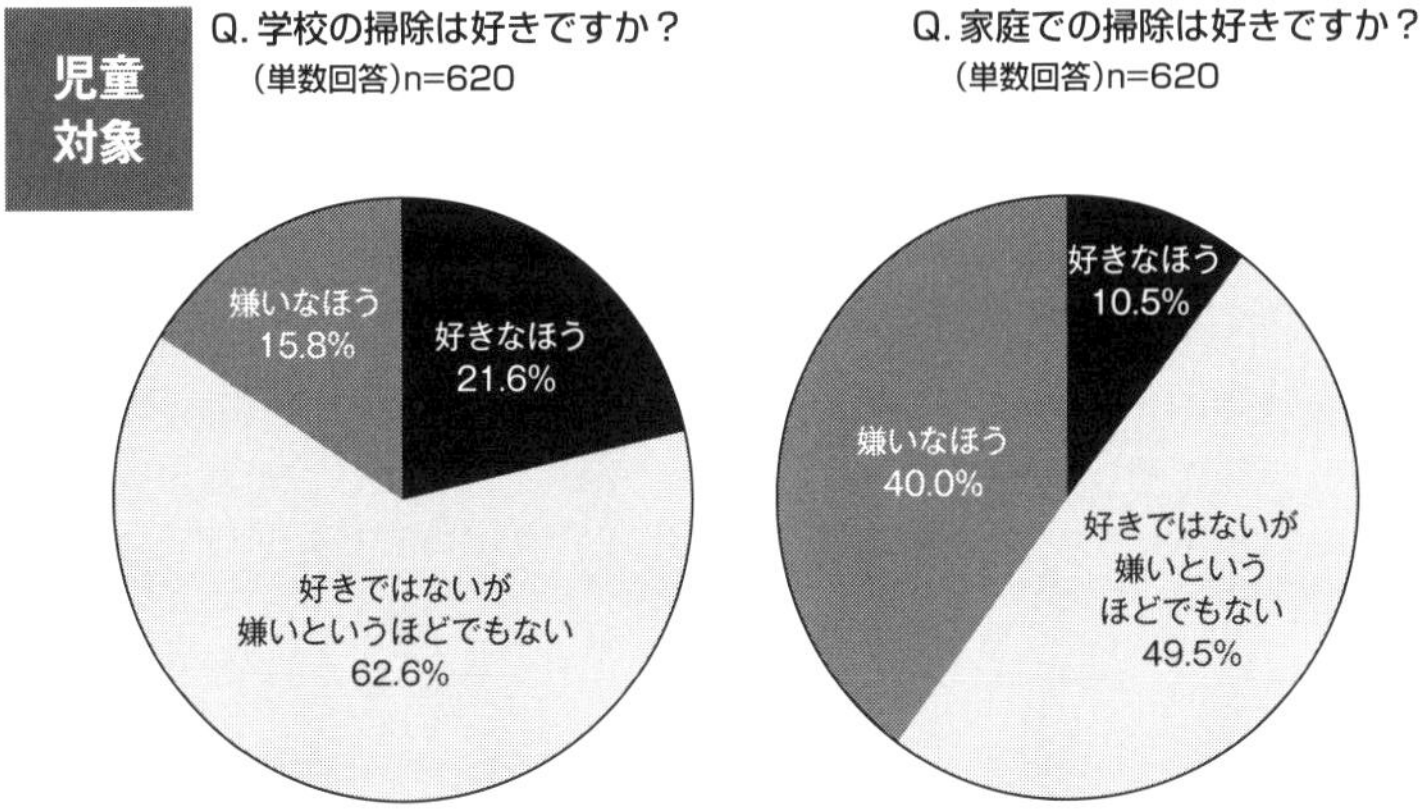

調査7　「学校掃除における実態調査」2015年度

いなほう」と答えた子どもたちは、40．0％と2．5倍近く増えます。

これはどうしてでしょうか？「学校の掃除が好きなほう」と答えた子どもたちに理由を尋ねると、圧倒的に多いのが、「学校掃除は、友だちとみんなで一緒にやるから楽しい」という声です。「時間が決まっているから」という声もあります。この結果から考えると、家での掃除は「一人で」「きれいになるまでやらされる」というやらされ感があるのかもしれません。

回答の中で一番多い「好きではないが嫌いというほどでもない」と答えた子どもた

ちに、一人でも多く楽しく掃除に取り組んでもらいたい、「好きなほう」と答えてほしい、そんな願いを私たちはもっています。

■なぜダスキンが学校で掃除を教えるのか

ダスキンお掃除教育研究所の学校教育支援活動（掃除教育）は、こうして始まった

ここで、「なぜダスキンが学校掃除について語るのか？」について、少し触れておきましょう。

「ダスキン」と聞いて、みなさんはどんなイメージを持たれるでしょうか。ダスキンの創業は1963年（昭和38年）。当時、掃除といえば水拭きぞうきんで掃除をするというのが当たり前であった時代、水を使わない化学ぞうきん「ホームダスキン」は大きな話題となり、「魔法のぞうきん」と呼ばれました。そして日本の家庭に「お掃除革命」をもたらしました。

「喜びのタネをまこう」をスローガンに、「ダスキンのお仕事にかかわる全ての人が幸せになってほしい」という願いのもと、フランチャイズシステムを導入し全国に普及。今では環境衛生やフードサービスなど、さまざまな業種・業態の事業を展開しています。

そのダスキンの中でも生活情報および生活様式に関する情報収集と分析を目的として設立されたのが、ダスキンお掃除教育研究所の前身である「暮らしの快適化生活研究所」です。設立当初は、今のように社会貢献活動を推進していく部署ではありませんでした。しかし、生活者の一部である「子どもたち」に焦点をあて研究していくなかで、子どもたちが一日の大半を過ごす「学校」で、どんな掃除をしているのか、掃除に関する実態調査を実施する必要があると

～出前授業「キレイのタネまき教室」にて～

考え、２００１年「学校掃除における実態調査」を実施。その後も定点で小・中学校の子どもたち、そして掃除指導をする小・中学校教員に対し調査を行い、その結果が学校教育支援活動の基礎となっています。

私たちは住まいを「健康な心が育つ場」と捉えており、子どもたちが大人になった時に、そのような場を作れるよう、必要な知識や習慣を身に付けてほしいと考えています。そんな想いから「子どもたちに掃除の大切さを伝えたい」というスローガンのもと、学校教育支援活動への取り組みが始まったのです。

掃除をテーマとした新しい授業の実施

２００１年に実施した「学校掃除における実態調査」で、学校で使用されている掃除用具は昔から変わっていないことがわかりました。そこで２００２年当時、学校ではあまり使用されていなかったモップを使い、掃除の方法を自分たちで考えて小・中学校の子どもたちに掃除をしてもらうとどうなるかという検証をしました。その結果、日頃学校で使用していないモップという新しい掃除用具を使って掃除をすることで、子どもたちの掃除の意欲が高まること、また掃除の方法を子どもたち自ら考えることで学校掃除に楽しく取り組むということがわかりました。

２００３年には、企業が学校と協力して授業を行う「産業協力授業プロジェクト（※１）」に応募しました。この時に初めて先生方と協働で、掃除の大切さや掃除のやり方などの授業案を作り、連携して授業を行いました。この取り組みにより「掃除は授業のテーマとして有効である」ということがわかりました。しかし授業の中では業務用の大きな機材を使用したり、総授業時間が15時間に及ぶものだったため、全国どこの学校でもできる授業というわけではありませんでした。

産業協力授業プロジェクトにおける授業風景

そんな時、当時協力していただいた先生から、「これらの授業案は、学校掃除の知識に乏しい教員にとって非常に有効なものであるから、授業案を自由にアレンジして使えるように提供してほしい」との要望をいただきました。そこで、全国どこでも掃除の授業ができるようにと作成したのが、ダスキン教育支援カリキュラムです。同年２００３年には、小学校用の教育支援カリキュラムを、Ｗｅｂサイトから自由にダウンロードできるようにしました。２００９年には先生方の要望を受けて、中学校用の掃除教育カリキュラムと小学校用のお片付け教育カリキュラムの提供も開始し、多くの先生方にご活用いただいています。

※１：産業協力授業プロジェクト…財団法人コンピュータ教育開発センター（現：一般財団法人コンピュータ教育推進センター）による公募事業。教育機関と産業界が連携し、学校向けの授業を開発・実施するプロジェクト。

学校の掃除教育研究会、フォーラムの開催

先生方との意見交換を重ねる中で、「掃除の時間は単にきれいにする時間ではなく、もっといろんな可能性を秘めた時間なのでは？」という意見をしばしばお聞きするようになりました。そこで、現職の先生方と一緒に、その検証をするために立ち上げたのが「学校の掃除教育研究会」です。研究会では、学校掃除の可能性について討議を重ねた結果、学校

掃除を通して「子どもたちの力を伸ばす」ことができるのではないか、との示唆が得られました。では、どのような力を伸ばすことができるのだろうか。それを実現するための掃除時間の活動は何か。これらを研究会メンバーで検討を重ね、この研究会の成果を共有する場として教員を対象とした「教育フォーラム」を実施しました。

これまでに開催した研究会・フォーラムでのテーマは次の通りです。

【学校の掃除教育研究会】

・2004年度　ダスキン教育支援カリキュラム（教員が自由に使用できるWebダウンロード版）の応用研究や学校掃除の可能性についての教育的研究

・2005年度　毎日の掃除時間を通して育まれる「段取り力」の研究

・2014年度　「今の子どもたちを取り巻く環境、学校の実情に合わせて学校掃除で伸ばせる力」の研究

【教育フォーラム】

・2004年度　「子どもたちの掃除を考える」

・２００５年度　「子どもたちの力を伸ばす掃除を考える」

ダスキンの学校掃除教育支援活動は、２００４年より「子どもたちの力を伸ばす学校掃除」をテーマに掲げていますが、これは学校の掃除教育研究会で生まれたものなのです。これをきっかけに、より多くの先生方に学校掃除に対する実態や要望、実践内容などをお聞きするようになり、その情報をまとめたものが、後に実施する教員向けセミナー・出前授業のプログラム内容の基礎になりました。

教育現場の声を形に！
「教員向けセミナー」「出前授業　キレイのタネまき教室」の誕生

学校掃除における実態調査を行ったり、多くの先生方と関わらせていただいたりする中で、先生方が掃除の指導に困っていることや、正しい掃除の知識を学ぶ機会のないことがわかってきました。と共に、「掃除のセミナーをやってほしい」という要望が次第に増えてきました。

「学校現場のお役に立つことができるのなら」、そして「子どもたちに掃除の大切さを伝えられる機会になるなら」そう考えた私たちは、掃除の効果的な実施方法や指導方法と共に、掃除の時間が子どもたちにとってどんな可能性を持った時間なのかを考える「教員向けセミナー（子どもたちの力を伸ばす学校掃除セミナー）」を２００８年にスタート。セミナーを通して年間５００～６００人の先生方と交流する中で、今度は「子どもたちに直接、掃除の仕方や大切さを教えてもらえませんか？」との声をいただくようになりました。そこで、小学校で子どもたちに直接、掃除の授業を行う「キレイのタネまき教室」を２０１２年より始めたのです。どちらも先生方からの強いご要望により生まれたもので、年々お問い合わせ、お申し込みが増えています。「教員向けセミナー」と「キレイのタネまき教室」についての詳しい内容は、後の章で紹介させていただきます。

指導計画を作成して学校掃除に取り組む効果

「子どもたちの力を伸ばす学校掃除」というテーマを掲げたものの、活動を進めるにつれ、本当に子どもたちの力は伸びるのか、どんな力が伸びるのか、そのためには先生方のどのような支援が必要なのかについても調査・研究が必要と考えるようになりました。また、

（参考資料）

検証対象校および検証方法

	大阪府○○市立A小学校	東京都○○市立B小学校
1.対象児童数	全校児童 314名 1年生（2クラス） 2年生（2クラス） 3年生（3クラス） 4年生（2クラス） 5年生（2クラス） 6年生（2クラス）	選定クラス 276名（教師歴1·2年目の教員） 1年生（1クラス） 2年生（2クラス） 3年生（1クラス） 4年生（2クラス） 5年生（1クラス） 6年生（1クラス）
2.特徴	縦割り清掃	クラス清掃
3.検証期間	2009年5月〜2010年3月	2009年5月〜2010年3月
4.検証方法	＜児童＞ 掃除後のチェックシート（一週間に一回） アンケート調査（学期ごと） 掃除の様子のビデオ撮影 ＜教員＞ 定期レポート（月ごと） 振り返り会での意見（学期ごと）	

年間の取り組み

	大阪府○○市立A小学校	東京都○○市立B小学校
5月	オープンセミナー（ビデオ教材などの確認） 指導目標の設定·年間活動計画の作成 アンケート調査①（児童） 定期レポート①提出	オープンセミナー（ビデオ教材などの確認） 指導目標の設定·年間活動計画の作成 アンケート調査①（児童）
6月	ダスキン掃除セミナー（教師対象）	定期レポート提出①
7月	ダスキン出前授業（児童対象） 1学期振り返り会	1学期振り返り会
8月		ダスキン掃除セミナー（教師対象）
9月	定期レポート提出②	定期レポート提出②
10月		
11月	定期レポート提出③	定期レポート提出③
12月	2学期振り返り会 アンケート調査②（児童）	2学期振り返り会 アンケート調査②（児童）
1月	定期レポート提出④	定期レポート提出④ ダスキン出前授業（児童対象）
2月	アンケート調査③（児童）	アンケート調査③（児童）
3月	定期レポート提出⑤ 3学期振り返り会	定期レポート提出⑤ 3学期振り返り会

教員向けセミナーを受講された先生からも「掃除の指導を通した子どもたちの変化について、調査研究してほしい」という要望が寄せられるようになりました。そこで２００９年に関西・関東の小学校にご協力いただき、東京学芸大学　大竹美登利教授とそれらについての調査研究を行うことになったのです。

この研究では、毎日の掃除時間に注目し、学習のめあて（目標）や指導計画を立てて掃除活動に取り組むことが、児童の掃除スキルや意欲を向上させるのか、また教員の意識や取り組みに変化があるのかどうかということを研究しました。調査期間は２００９年５月から２０１０年３月としました。検証内容や年間の取り組みなどの詳細はＰ．42　参考資料のとおりです。

この調査の結果、次のことがわかりました。（※1）

一つ目は、学年の始まりの時期に、少しまとまった時間を取って掃除の指導をすることが掃除によって得られる力の定着に重要であるということ。

二つ目は、掃除指導計画（Ｐ．44　参考資料）を立てて、学校全体で取り組むことが重要であるということ。教員全員が同じ指導目標を持ち、学校全体として取り組んでいる学校の方が、掃除を楽しいと感じ、積極的に取り組んでいる子どもたちが多いということ。

参考資料

○○小学校 掃除指導年間活動計画（大阪府○○市立A小学校）

月	学校目標	活動予定	目標
4月	掃除用具を 正しく使おう	・ほうきやちりとりを正しく使える使える ・ぞうきんや机や床を正しく拭くことができる	正しく掃除用具を使おう
5月	ほこりをしっかり 拭きとろう	・ぞうきんで、机や床を正しく拭くことができるようにする ・ぞうきんしぼりができるようにする	正しく掃除用具を使おう
6月	すみずみまで きれいにしよう	・正しい掃き掃除の仕方を身につける ・正しいぞうきんの使い方を身につける	正しく掃除用具を使おう
7月	掃除用具の後片付けを きちんとしよう ※夏季休業	・後片付けがきちんとできる ・掃除用具を大切に扱うことができる （整理整頓力）	正しく掃除用具を使おう
8月	※夏季休業		
9月	手際よく きれいにしよう	・掃除の手順を再確認する ・掃除用具の使い方を再確認する	手際良く掃除をしよう
10月	友だちと協力して きれいにしよう	・役割を分担し、友だちと協力して掃除ができる（協調力）	手際良く掃除をしよう
11月	掃除の時間を守ろう	・時間内にきれいにする（段取り力）	手際良く掃除をしよう
12月	計画的に そうじをしよう	・学期末の大掃除週間に向けて、掃除の重点箇所を考える（前進力・環境美化力）	手際良く掃除をしよう
1月	教室の空気を きれいにしよう	・掃除のときには換気をする習慣を身につける	すすんで掃除をしよう
2月	汚れやすい所をみつけて きれいにしよう	・自分から進んで汚れやすいところをみつけ、きれいにすることができる（環境美化力）	すすんで掃除をしよう
3月	1年間使った教室を きれいにしよう	・自分たちが使った教室をきれいにし、次の学年に渡す（環境美化力・協調力）	すすんで掃除をしよう

参考資料

結果①-8 ＜教員の定期レポートより＞

達成状況により、○…３点　△…２点　×…１点の３段階で尺度化し、平均値を算出したもの

ごみや汚れを見つけてから掃除にとりかかる

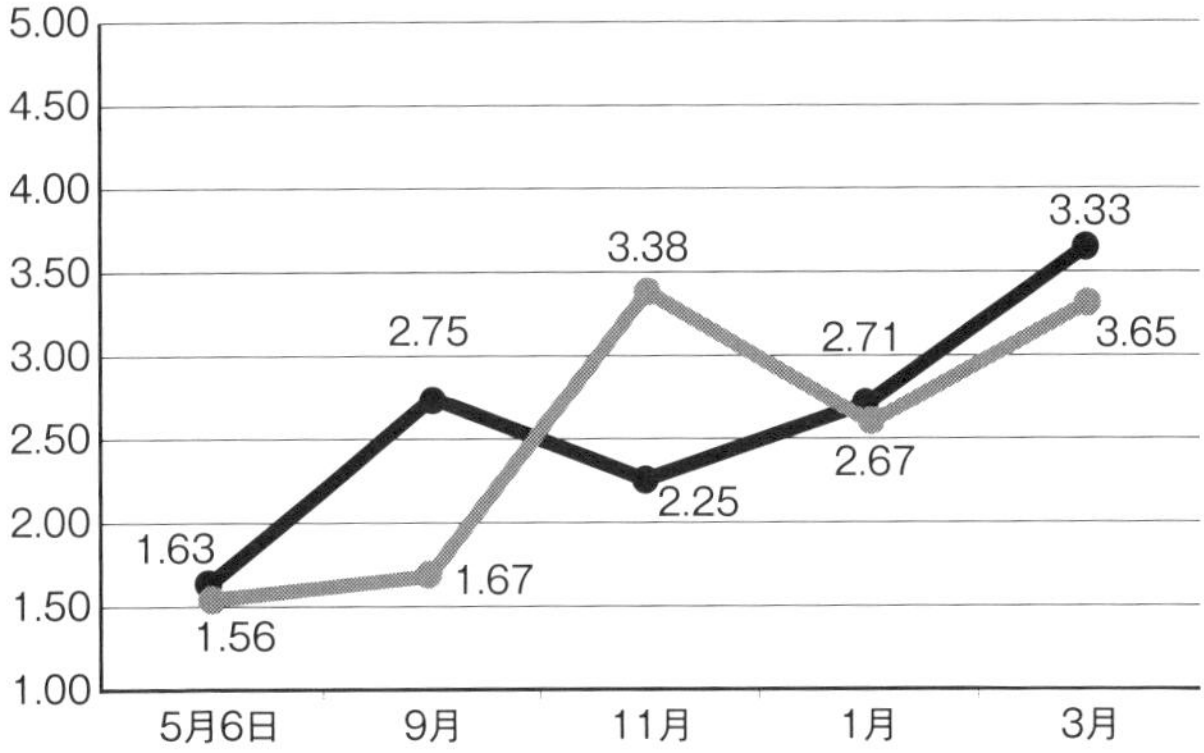

役割分担による責任感や人への思いやり

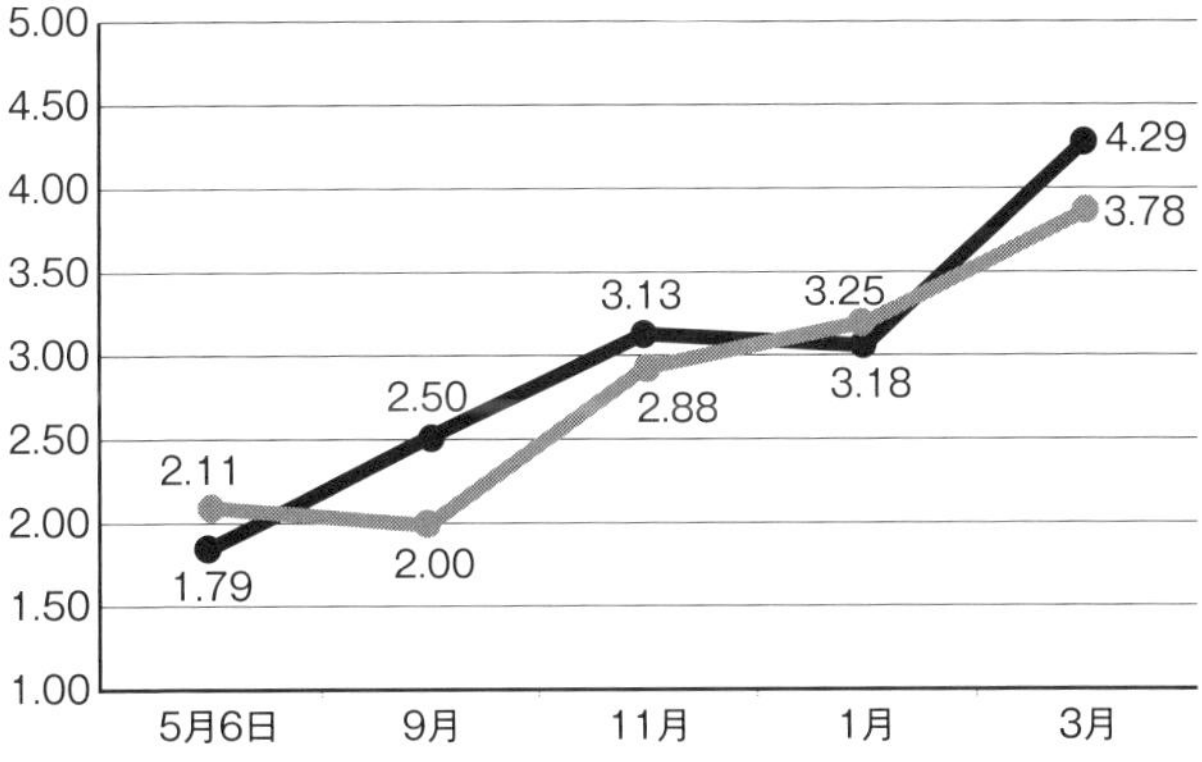

大阪府○○市立A小学校　　東京都○○市立B小学校

結果①-8 <教員の定期レポートより>

基礎知識の定着から、主体性や段取りなどの力の育成につながっている

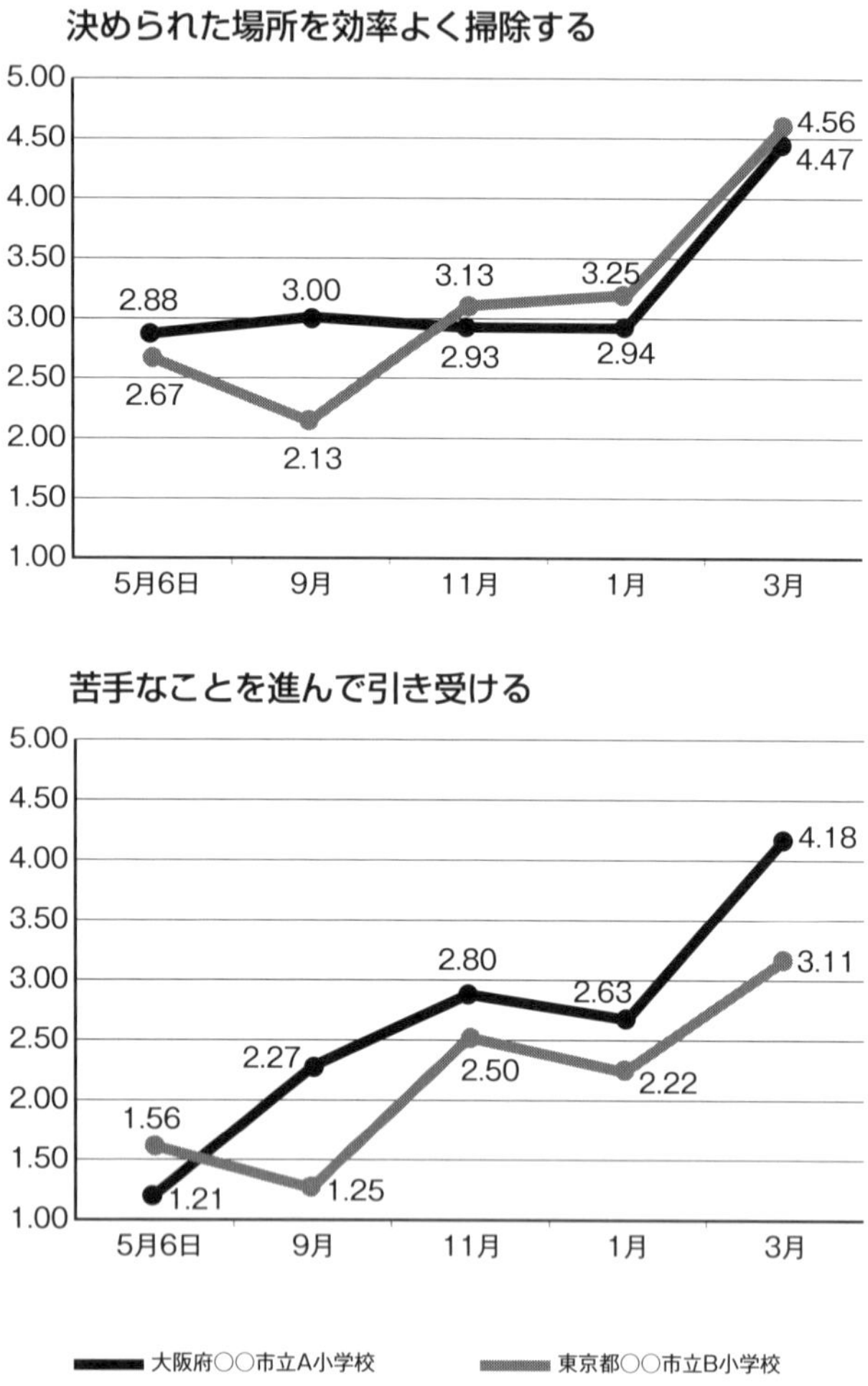

三つ目は、上の学年の子どもたちが下の学年の子どもたちに教えるという環境をつくることで、児童の主体的な気づきや積極性を生み出すことができるということがわかりました。下級生に教えるという環境を与え、高学年としての責任感を持たせることで、段取り力、観察力、主体性、責任感やリーダーシップといった力が、取り組みが進むにつれて大幅に高まるということがわかったのです。

※1：大竹美登利、藤原玲子（2016）「学校掃除で育成される力とその課題」東京学芸大学教員養成カリキュラム開発研究センター『教員養成カリキュラム開発研究センター研究年間』Vol.15 p.7-16

また、この研究を通して、子どもたちの力を伸ばす掃除の指導には、まず基本的な知識やスキルを伝える「基礎」があり、その次に「発展」へと段階的に進めていくことが大事であるという確信を得ることができました。それらの学びは、今の小学生向けの出前授業である「キレイのタネまき教室」のプログラム内容に生かしています。

そしてこの研究は、この後も課題を見直し、数年にわたり継続して実施しました。

このように、ダスキンは「掃除」を通して学校教育支援活動に取り組んできました。「掃除の大切さを伝えたい」「掃除を通して子どもたちの力を伸ばしたい」先生方と共に、掃除の時間を子どもたちの人間性を育む豊かな時間として、一つひとつ進めてきた活動が、いま、全国の小・中学校に広まりつつあることは、感謝以外の何物でもありません。そして、掃除の会社「ダスキン」がやらなければいけない活動であり、ダスキンだからこそできる活動であると感じています。

■学校掃除の時間を、子どもの成長を促す、より豊かな時間に

学校における掃除時間は、年間どれぐらいあると思いますか？「教員からみた学校掃除に関する実態調査」（２０１５年）によると、小学校、中学校ともに１日の掃除時間で最も多いのは15分程度（P.31 参照）。1日たった15分の掃除時間ですが、「15分／日×５日／週×４週間／月×※10ヵ月／年」と計算すると、なんと年間約３０００分にもなります。

※夏休み、冬休み等の長期休暇をはずしました。

たった1日15分であっても、年間で約３０００分です。小学校の1時限の授業時間は、45分ですから、３０００分を45分で割ると、約60時限分もの授業時間に匹敵します。それも、小学校だけでも６年間あります。小学校５・６年生の家庭科の時間が、年間55～60時限と考えると、ひとつの教科に匹敵するぐらいの時間を掃除の時間として費やしていることになります。

学校掃除は、前述したとおり、教員が情報を得る機会の少なさや少子化による問題、きれいになった達成感の乏しさなどさまざまな課題がありますが、私たちは19年間の学校教育支援活動を通して、学校掃除は「子どもたちの生きる力を育む時間」として無限の可能性をもった時間であると実感しています。

一人でも多くの先生に学校掃除をこのようにとらえてほしい。そして子どもたちにも掃除の大切さや必要性を知ってほしい。そして何よりも、掃除を好きになってほしいと願っています。

第２章では、ダスキンお掃除教育研究所が提供しているプログラムの内容について紹介すると共に、学校掃除の取り組み事例、そしてその指導に取り組まれた学校の先生方や子どもたちの声を紹介しましょう。

第2章

やりたくなる掃除って？

■ぞうきんの絞り方を知らない子どもたち

1章でも触れましたが、我が子に「掃除のやり方を教えるにはどうしたらいいのだろう」と悩んでいる保護者や、「掃除の指導が難しい」という先生方からの声をいただくことが多くあります。家庭での掃除は掃除機を使うことが主流になり、拭き掃除の機会も減ってきている現代では、仕方のない流れなのかもしれません。ですが、掃除の基本を身につけるためにはぞうきんを使って拭き掃除をすることも、ホウキとチリトリを使って掃き掃除をすることも、是非身につけておいてほしい掃除方法です。

学校を卒業していく子どもたちが、今までお世話になったお礼に、感謝の気持ちを込めて学校中を大掃除する「お礼掃除」をされる学校があります。その学校にお伺いした時のこと。掃除が終わって、「このような活動は必要ですね」という話をしていると、ある先生が次のように言われました。

「今の子どもたちは、掃除ができない、挨拶ができない、あれができない、これができないと言われるけど、子どもたちが悪いんじゃない。そういうことを教えていない、私たち教員、大人の責任なんですよね」

それは私たちにとって、深く印象に残る一言でした。掃除に関していえば、先生方が教えることが難しいというのなら、お掃除の会社であるダスキンがやらなければいけないのではないかと、改めて考えさせられたのです。

第2章では、子どもたちはもちろん、教員にとっても「やらせる掃除」ではなく、「やりたくなる掃除」にするために、私たちが取り組んでいる活動や、その活動による子どもたちの変化、先生方からいただいた声を紹介していきます。

■掃除は子どもたちのチカラを伸ばす授業！ダスキンの学校教育支援活動

現在ダスキンが取り組んでいる学校教育支援活動は、主に3つあります。

1．小学生向け出前授業　……　キレイのタネまき教室「おそうじについて学ぼう！」
2．教員向けセミナー　……「子どもたちの力を伸ばす学校掃除セミナー」
3．教育支援カリキュラム　……　教育現場への教材提供「われらクリーン調査隊」

それぞれの取り組みを紹介していきましょう。

小学生向け出前授業　キレイのタネまき教室「おそうじについて学ぼう！」

日本のほとんどの小学校には「掃除の時間」があり、子どもたちは教室や廊下など、さまざまな場所を掃除しています。しかし、掃除をする意義やその効果について、改めて考える機会はほとんどないのが現状です。そこでダスキンでは出前授業を通じ、「なぜ掃除をするのか」「掃除用具の正しい使い方」という掃除の基本を理解し、学校や家庭での掃除に生かせるプログラムを提供しています。

【ダスキンの出前授業とは？】

子どもたちが掃除について改めて考えるきっかけになるとともに、掃除に対して興味・関心を持つことで掃除の大切さを理解する授業です。小学校全学年の児童を対象に、1時限（45分授業）で実施しています。

◆小学生向け出前授業「キレイのタネまき教室」概要

●特徴	掃除の基礎知識を学ぶことを目標として、座学と実習の２部構成にしています。 １時限（45分授業）
●内容	**一部：どうしてそうじをするのだろう** 「なぜそうじをするのか」を、子どもたちと一緒に考えます。汚れにはどんなものがあるのか？　ホコリがどんどんひどい汚れになり、シミになっていくプロセスをみせながら、掃除をする意味を **「かいてき」「ながもち」「けんこう」**の ３つのキーワードで確認します。
	二部：そうじ用具を正しく使おう 二部では、学校で使用する掃除用具（ホウキ・チリトリ・ぞうきん）の正しい使い方を、実習を通して確認します。最後に映像を視聴し、その日の授業を振り返ります。
●対象	小学校全学年

※限定地域での開催となります。
下記のURLからお申し込みいただけます。
https://www.duskin.co.jp/torikumi/gakko/demae/program.html

【子どもたちの感想】（すべて小学3年生）

・わたしはこのじゅぎょうを受けて、ぞうきんのしぼり方をこれからがんばろうと思いました。なぜかというと、じゅぎょうでしぼり方をやさしく、わかりやすく教えてくれたので、しっかりとできると思ったからです。

・ぼくはぞうきんの使い方を教えてもらってよかったです。理由はいつもしぼる時、はみだしてしまうからです。これからがんばる事はホウキのはき方ができていない人や、ぞうきんのしぼり方ができていない人に、教えてあげたいと思います。

ぞうきんの絞り方を学ぶ子どもたち
～出前授業「キレイのタネまき教室」にて～

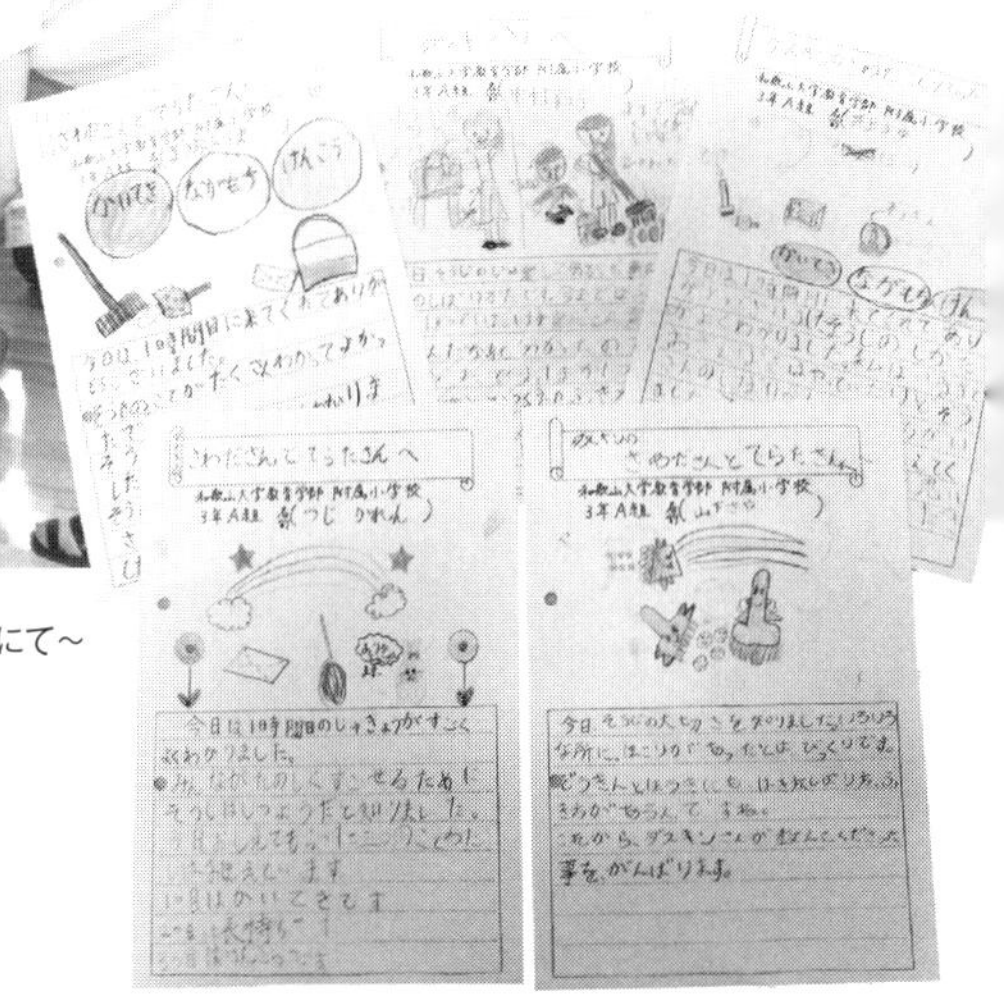

・これから教えてもらったことを守って、ゴミがひとつもなくなるように、しっかりはいて、しっかりふいて、とってもきれいな教室と思ってもらえるように、4年生になるまでがんばります。

【先生方の感想】

・今回の授業はとても児童の心に残っているようです。教員も掃除指導の参考になりました。この授業で得たことを学年以外の先生にも伝えて、今回の授業をより充実したものにしたいと思います。

・一時間の授業の中で、講義と体験学習とが上手に配分されていて、子どもたちが飽きることなく、学習することができました。その後の掃除の時間は、大変意欲的に取り組むことができました。

・学習後、本日のそうじは、いつもよりていねいで、そして教えていただいたことを意識していたように思います。最後にいただいた修了証は、授業をふりかえるのにとてもいい資料だと思います。おうちで「今日、こんなことを勉強したんだよ」と親子で話せるといいなと思っています。

・以前まで子どもたちは掃除に時間がかかり、仕上がりもいまいちでした。やり方や目的を理解していないということが原因だとわかりました。これからも学んだことをいかしていきたいと思います。子どもたちは授業を受けた後の掃除で、ホウキの持ち方やぞうきんの絞り方を意識していました。

教室の床も力を入れて、しっかり拭きあげます。

【インタビュー①】

出前授業で子どもの掃除に対する意識がガラリと変わった！

吹田市立千里丘北小学校
三浦 智佳 先生

3年前、新設された当校に赴任した際に、学校全体の掃除担当になりました。初めはトイレットペーパーもついていない、掃除用具も美化倉庫に梱包されたまま置いてある状態、児童数も5年生が18人、6年生が10人に対して1年生は50人くらいで、何から手をつけたらいいのか、というところからのスタートでした。ですから、校長から「キレイのタネまき教室に申し込んでみては？」という提案をもらい、すぐに賛同し申し込みました。

ダスキンさんには「なぜ掃除をするのか？」ということをイチから教えていただきまし

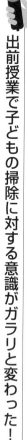

た。**「なぜ掃除をするのか？」がわかると、子どもたちの掃除に対する意識はガラリと変わりました。**授業の翌日からトイレ掃除は、掃除用具が取り合いになるくらい、すごく一生懸命やっています。また、掃除用具を丁寧に扱うようになるので、ホウキを振り回して怪我をするようなこともありません。正しい掃除用具の使い方が定着しているのではないかと感じています。

キレイのタネまき教室で実際に掃除を教えてもらっているのは1、2、3年生ですが、その内容を美化委員会の子どもたちがビデオに撮って発信しているので、結果的に1年生から6年生まで、全児童が同じ方法で掃除をしています。

当校は低学年の子どもが多いので、トイレ掃除は2年生が担当しています。家ではトイレがひとつしかなかったり、お家の方が掃除をされたりするので、子どもがトイレ掃除をする機会は少ないと思うんですね。そんな中、当校では2年生の子どもたちがテキパキとトイレ掃除をしています。他の学校では、トイレ掃除は6年生がメインで行うことが多いので、このような光景は全国的にも珍しいのではないでしょうか。

トイレは汚れやすい場所ですが「このトイレをきれいにしているのは自分たちだ」とい

う意識があるので、汚れていたらすぐ教えに来てくれますし、ちょっと難しいところを掃除していると「先生、手伝います」と手伝ってくれることもよくあります。それは2年生だけでなく、4、5、6年生の美化保健委員会の子どもたちも同じ。委員会で「どんな活動をする？」と問いかけると、大体トイレの使い方や掃除の仕方だという声が上がります。

トイレの手洗い場もしっかり拭きあげます。

トイレ掃除で使ったモップを毎日専用の洗濯機で洗濯しているんですが、洗ったモップを干すのは子どもたちが当番制でやっています。今の5年生は3年生の時に授業を受けているせいか、完璧にやってくれています。他の美化当番もほとんど忘れることがありません。きれいなモップだと、子どもたちも抵抗なく掃除をするんですよね。トイレのモップを洗って干す、という仕事を通じて、「なぜ毎日洗うのか？」「洗わなかったらどうなるか？」「きれいだったら掃除しようと思うけど、汚かったらどうかな？」ということも、美化委員会で話し合っています。「今はまだ学校も3年目だからきれいだけれど、これを何十年もきれいなままにしておくにはどうしたらいいかな？」ということとか。そういうことを話し合っていくのも大事だと思います。

学んだことを忘れない、学校をきれいにするんだという意識を継続させるために、掃除の仕方や掃除用具の使い方のビデオを美化当番が作成して定期的に他の子どもたちに見せることもあります。また、掃除用具を踏んだり、乱雑に扱ったらどうなるか？　というビデオを作ったことも。劣化した掃除用具を持ってきて、ここを踏んだらここが折れるとか、先がこんなに風になる、ということを実際にやって見せて、「この状態できれいに掃除ができますか？」と問いかけるんです。子どもたちが飽きずに楽しく学べるよう、工夫することも大切だなと思いますね。

ホウキとチリトリの実践練習です
～出前授業「キレイのタネまき教室」にて～

小さい頃から「掃除をして、きれいになると気持ちいいよね」「きれいになると気持ちよく授業ができるよね」という話に触れていると、そんなに掃除を嫌いにはならない。そしてその意識は6年生になっても変わらないんです。これは低学年のうちから取り組んでいる効果が大きいのではないでしょうか。

今年から縦割り清掃といって、4、5、6年生が1、2、3年生に掃除を教えに行く体制をとっているんですが、普段はそんなに一生懸命掃除をしていない子も、下級生の教室に行くとすごく頑張って、下の学年に教えてくれるんです。それを先生から褒められると、それをきっかけに他のことも頑張れるようになることもある。低学年も先生が、掃除の時間だからやりなさい、というのではなく、高学年から優しく教えてもらうと、遊ばずにちゃんと掃除するんですね。先生の目の届きにくいところを高学年が教えるのは効果的な取り組みになっているので、これからも続けていきたいと思います。

今後は子どもたちの掃除の仕方を見て、保護者の方にも学んでいただけるような場ができたらいいなと考えています。

教員向けセミナー「子どもたちの力を伸ばす学校掃除セミナー」

教員向けセミナー
「子どもたちの力を伸ばす学校掃除セミナー」案内のパンフレット

教員向けセミナーでは、学校掃除に関する基礎知識や指導方法などを学んでいただきます。一日コースと半日コースがあり、セミナーを通して「子どもたちの力を伸ばす学校掃除」について考えます。

◆教員向けセミナー「子どもたち力を伸ばす学校掃除セミナー」概要

●概要	**①学校掃除に関する基礎知識・指導方法を学びます** 学校にある汚れを種類別にし、汚れを落とす際の掃除の基礎基本を学びます。また、掃除用具の使い方を、子どもたちに指導するという視点で紹介します。 **②学校の掃除実習を体験します（一日コースのみ）** 毎日、行っている教室掃除は、本当にそれでいいのか？　教室掃除についてあらためて見直し、考え、実際に掃除をする体験活動を行います。 **③掃除の教育効果をグループで情報交換しながら考えます** 学校の掃除活動を教育的に捉え直すと、どのような力を育めるのか？　グループに分かれ、KJ 法を使って考えます。 **④ダスキンオリジナル小・中学校向け教育支援カリキュラムを紹介します** **⑤ワークショップ形式にて掃除をテーマにした活動計画を立案します（一日コースのみ）** 自校の現状や課題等をディスカッションし、今後の指導計画を立てていただくワークショップです。
●コース	【1日コース】　5時間30分 【半日コース】　3時間30分
●対象	小・中学校の教員 ・課題研修、年次研修、初任者研修 ・美化担当の先生 ・家庭科、総合的な学習の時間、キャリア教育担当の先生 ・学校掃除に興味をお持ちの先生、お困りの先生

【先生方の感想】

・今まで掃除について、こんなに丁寧に学んだことがありませんでした。細やかな指導法、用具の扱い方、掃除の仕方など、とても勉強になりました。指導を通して学ぶことはとても多いので、今日のお話を聞いてまずは掃除の楽しさを子どもたちに伝えたいと思いました。（小学校教員）

・掃除の時間に子どもたちにどんな力を伸ばすのかと、教員が目標や目的をもって取り組むか否かで子どもたちに付く力が違ってくると感じました。（小学校教員）

「子どもたちの力を伸ばす掃除について」考えます
～教員向けセミナーにて～

・今回の講義や活動事例を学び、本校（クラス）の課題である自主性（気づく力）を付ける為には清掃について、学ぶ・考える時間を作らなければならないと思います。学校全体として清掃を考える時間を作っていきたいです。（中学校教員）

・今年初めて実施してみたのですが、次年度からは初任者研修で取り入れたいと強く思いました。（教育委員会　研修担当者）

【インタビュー②】

教育現場に掃除の授業を！　大好評を得た教員向けセミナーを採用して

姫路市立谷内小学校　校長
中島　輝久　先生

掃育研との出会いは２００６年、教育コンサルティング企業である株式会社キャリアリンク（※１）が主催した「キャリア教育（※２）」の研修に参加したことがきっかけです。

当時、姫路市教育委員会の教育研究所に入所し、そこで教員研修の企画を担当していた私は、常に教育の動向を意識していました。

キャリア教育の重要性が言われるようになり、新たな教育課題についても教員に伝えていく必要性を感じていました。ですから教員研修の企画を担当することになって最初の１、２年は、テレビや新聞を見ていても、常に「これは研修に使えるか」とアンテナを張っていました。しかし、その頃のキャリア教育をテーマにした研修の多くは、「こうするとこんな怖いことになる、だからやめよう」という伝え方のものが多かったんです。私には、脅しの教育は良くないという考えが従来よりありました。教育は、楽しく学んだ先に何か明るい成果があるものだと。そんな中で、学校掃除の研修に出会ったのです。

最初は単純に、**「掃除の時間を学習に変える」という発想が面白い**と感じました。当時は2時間の研修を企画運営していたので、30分~40分は理論編で、「学校掃除を学習の時間にする」という説明、残りの時間で具体的なプログラム紹介という構成イメージをもっていました。ところが、それで終わりではなく、「実際に研修を受けた先生方に『掃除をする』という実習もしていただきたいので、6時間必要です」と言われ、驚いた記憶があります。確かに学びとしては、「導入→理論→実践」の流れが理想ですし、一番良いのは自ら体験をしてそれをまとめること。一連の過程を経て、初めてひとつの学びが成立すると考えると、体験の時間は理解を深めるにも必要なことだと思いました。

もうひとつ、お掃除の授業に注目した背景には、私の体験があります。実は私自身、小学校で教員をしていた時に、掃除の時間は嫌なものだと感じていました。それは、掃除そ

掃除を通して子どもたちのどんな力を伸ばすことができるのか？
グループで話し合った意見を発表・共有します　～教員向けセミナーにて～

のものが嫌なのではありません。分担場所を回りながら「遊ばずにちゃんとやりなさい！」と、子どもたちを叱ってばかりいたからです。きっと子どもたちも、掃除を嫌な時間だと感じていたのではないかと思います。

学校における教育活動は、そもそも嫌々やる、またはやらされるものではありません。子どもたちが「おもしろくない」「嫌だな」と感じながら学校生活を送ることほど不幸なことはない。では、どうしたら子どもが学校を楽しいと思えるか？　それは「できる、わかる」という体験をさせることです。

学びには、まず子ども自身の意欲が大切

どのようにして子どもたちに指導するのか？　ホウキとチリトリの使い方を実践します。
～教員向けセミナーにて～

です。意欲とは、自分が「あ、おもしろそうだな、やってみたいな」という気持ちだけでなく、そこに目的意識や知識が伴って生まれるもの。だからまず、知ることは大切です。例えば理科の勉強などは「おやまあ！　どうして？」から始まることがありますが、今まで知らなかった自然の事物現象と出会うと「へぇ、なんでかな、調べてみたいな」という気持ちが湧いてくる。同じように、掃除もやり方や目的を知れば、次第に意欲的に取り組めるようになるはずだと考えました。掃除をして気持ちよかったとか、みんなに喜ばれたとか、そういう達成感を味わう。すると、子どもたちも自然にやり方を考えたり工夫したりするようになっていくだろうと。

そんな経緯で採用したダスキンの教員セミナーは、先生方からも大好評でした。定員を超える申し込みがあり、抽選を行う年が続いたほどです。受講した先生方が学校に帰って「おもしろかった」と広めてくださるおかげで、いろんな学校の校長先生から「先生たちが実習でお掃除してくれたら教室がきれいになるから、うちの学校を研修会場に使ってください」という申し出をいただくこともありました。

研修には費用対効果が求められます。私たちの場合だと、費用は講師料、効果は受講した先生たちの満足度と、学んだことを学校で実践できたかという点です。ダスキンの場合、講師料ゼロ、そのうえ効果としての満足度がものすごく高い。学校に戻って「子どもたちに掃除について話し合う時間をもうけた」「実際にお掃除の仕方を考えさせた」など、実践率も高く、当時あった40講座のなかでもダントツの高評価でした。

今は、当時に比べると研修講座の数も減少しています。その中で11年経ってなお、ダスキンの講座が残っているということは、それだけプログラムの完成度が高いということでしょう。それは内容だけでなく、講師をされる方々の意識に対しても同じことが言えると思います。手品師のようにあれこれと興味を引き付けるモノを出してそれで終わりとするのではなく、伝わらなかったなと思うことがあったら、次はこうしてみようとか、常にそういった工夫をされているところが素晴らしいと思いますね。

長年のご縁から感じるのは、ダスキンは人を大事にする会社だということです。研修の担当者と初めて会った時、私はその人からすごい熱意を感じました。熱意で来られたから、こちらも熱意で返した。もし、「掃除道具の営業の一環で来ました」という態度だったら、こちらも「ちょっと違うかな」と感じたかもしれません。

その担当者を介してダスキンという会社を見ると、働いている人が「どうせこんなことを言っても無理だ」「自分は会社の歯車のひとつにすぎない」とあきらめてしまうのではなく、「自分はなぜこの仕事をしているのか」「自分は小さな存在かもしれないけれど、会社のために何ができるか」と考えられるようバックアップする雰囲気が風土としてあるのだと感じます。学校教育支援活動がこれだけ広まったのは、そういう一社員の思いを大事にできる会社だからこそではないでしょうか。

※1：株式会社キャリアリンク…2003年よりダスキンの学校教育支援活動を共にする外部パートナー

※2：キャリア教育…職業観や勤労観および、世の中で求められるような能力（コミュニケーション能

力、判断力など）や態度を育てることを通して、子どもたちが職業的にも社会的にも自立した大人になるよう支援していく教育。２０００年ごろより学校現場で重視されるようになった。

◆掃除教育カリキュラム（小・中学生対象）

「われらクリーン調査隊」　……小学生
「知る・見る・考える掃除」……中学生

特徴	①**小学校から中学校まで子どもたちの発達段階に応じた、全学年対応カリキュラムです** 掃除の基礎・基本知識の習得から応用、評価活動などの学習が可能です。 ②**学級活動でも取り組みやすいように、１授業１時限（45分・50分）完結カリキュラムです** 学級活動や道徳・特別活動等で取り組めるように作成されています。 ③**学習指導要領との位置づけを明確にしており、教科での実施も可能です** 生活科や家庭科、総合的な学習の時間でもご利用いただけます。掃除のノウハウ伝達だけではなく教科単元と連動しています。 ④**毎日の掃除活動との連携が可能です** 継続した活動により、児童・生徒の力の育成・定着につながります。
教材	授業ですぐに使える教材・ワークシートをご用意しています 授業進行ガイド……単元概要、進行、教材の使い方などを掲載 教師が使う教材……視覚に訴え児童・生徒の理解を促すスライド教材・映像教材 児童・生徒が使うワークシート……児童・生徒の活動を支えるワークシート

◆「お片付け教育カリキュラム」（小学校対象）

特徴	①　学びながら、教室の中ですぐに実践できます ②　教科単元に連動しているので授業で使えます ③　毎日の暮らしに役立つ知識が掲載されています

※下記URLからダウンロードしていただけます。
http://www.duskin.co.jp/torikumi/gakko/curriculum/

ダスキン教育支援カリキュラムの提供

教育支援カリキュラムは、子どもたちの発達段階別の全学年対応カリキュラムで、学級活動や教科として取り組んでいただけるダスキンオリジナルのカリキュラムです。「掃除をどうやったら効果的に教えられるんだろう？」という先生方の声を受け、多くの現職の先生方の力をお借りして生まれた「掃除教育カリキュラム（小・中学生向け対象）」、「お片付け教育カリキュラム（小学校対象）」の２つをご用意しています。そのまま授業で使えるのはもちろんのこと、目的に応じてカスタマイズすることも可能です。

【授業を実施した先生方の感想】

・児童が身近な汚れに気づくようになった。簡単な掃除を交えた活動が、こんなにも効果があるとは驚きだった。（小学校：家庭科）

・授業でぞうきんの正しい絞り方についてやった。今までのやり方が正しいと思ってい

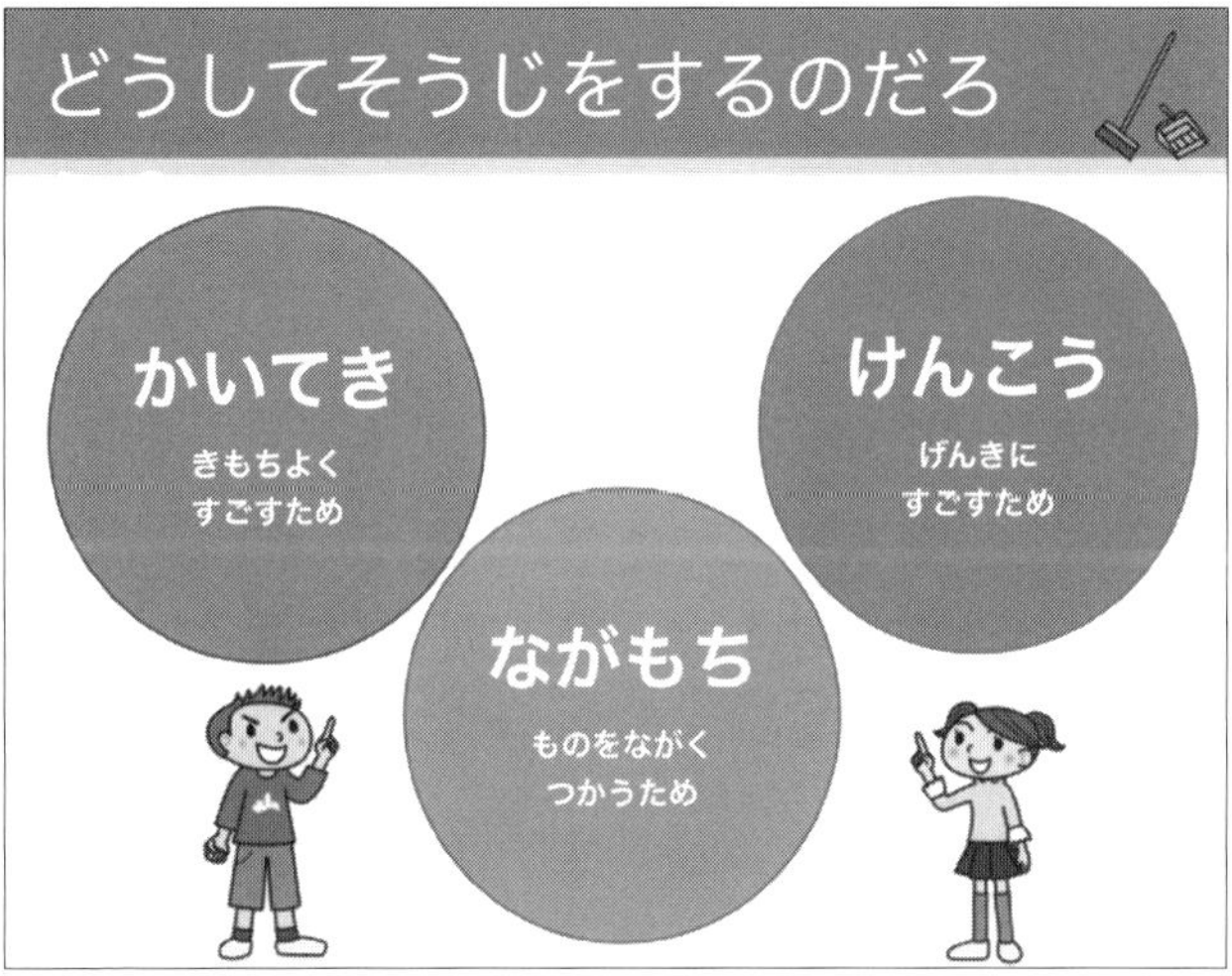

ダスキン教育支援カリキュラム　スライド

たのに、実は違っていた児童もおり、とても印象に残っている様子である。ぞうきんはとても上手に絞れるようになった。（小学校3年生：担任）

・自分で考えた掃除用具を作って持ってきて、隅々まで掃除をする子が出てきたのが以前と大きく変わったことだと思う。今まで気づいていなかった汚れに気づいたことが大きい。（小学校4年生：担任）

■学校掃除を人間教育の場へ　～子どもの変化と掃育研の挑戦～

掃除に少しでも興味を持ってもらいたい！「教え方の工夫」

掃育研が提供する掃除教育プログラムは、学習手法として座学以外にもディスカッション、ワーク、実習などで構成しており、子どもたちが授業終了まで集中して取り組むとともに、深い学びになるよう工夫をしています。

出前授業を担当する講師たちは、子どもたちが少しでも「掃除は楽しい」と感じるきっかけをつくれるよう、常に子どもの視点に立った丁寧な授業進行を心がけています。

まず、掃除用具の使い方について話をする時は、持ち方や手順を説明するだけでなく、実際にやってみせ、子どもたち一人ひとりに体感させる時間をとっています。先生方から「とても丁寧な指導ですね」と驚かれることもあります。

他にも、ぞうきんの洗い方の指導は、その一連の動作を子どもたちと一緒に声に出し擬声語を使ってぞうきんを絞ります。

例えばバケツの水にぞうきんを入れる際に「チャポーン」と声をかけるのです。ぞうきんを水中で洗うのは当然のように思われるかもしれませんが、ここまで伝えないとわから

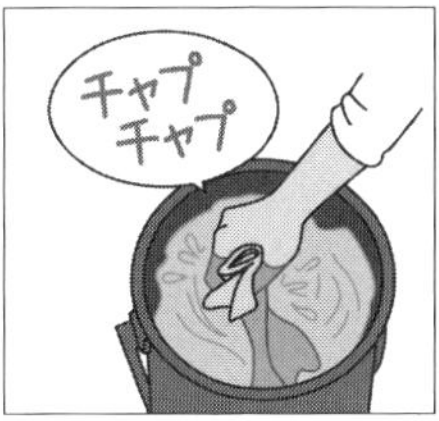

チャポーン

キュー

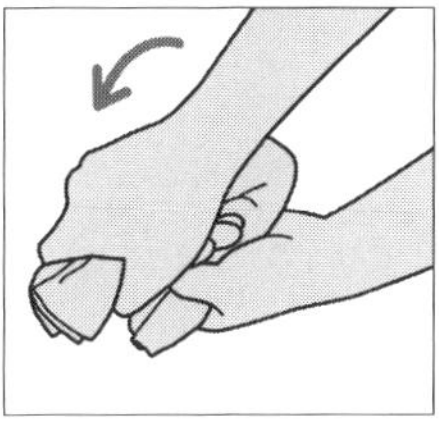
パッタン

ギュー

～ぞうきんの洗い方、絞り方～

ない子どもたちがいるのです。

ぞうきんの水をこそげおとす時には、「キュー」、ぞうきんを半分に折る際には、「パッタン」、そしてぞうきんを絞る際には「ギュー」と子どもたちと声を合わせて絞ります。このように講師も子どもたちも、同じ声かけをしながらぞうきんを洗って絞ることで一体感が生まれ、ぞうきんを洗うことが楽しくなります。これは子どもたちに大好評。先生方から「動画はないんですか？」と聞かれることもしばしばです。

子どもは好奇心が旺盛ですから、今まで知らなかった知識を得たり、新しい発見をすることで、その瞳は本当にキラキラと輝きます。楽しいと感じれば、それまで「やりたくない」と言っていた掃除にも、自ら進んで取り組むシーンを何度も見てきました。まず「やってみたい！」と思ってもらう、そして「できた！」と実感をしてもらう。「やりたくなる掃除」にしていくために、私たちはまず、掃除への興味をもってもらうことを大切にしています。

【インタビュー③】

学校から家庭、家庭から地域へ、掃除をコア（核）にした人の輪を

吹田市立千里丘北小学校 校長
大田 正義 先生

私が当校の校長になったのは、今から3年前です。新設校だったので、このきれいな状態を保たなければという気持ちを持っていました。掃除担当の教員も同じ気持ちだったようで、子どもたちに「このままの状態を保とうね」とよく話をしていました。一度掃除の専門家にきちんと掃除のやり方を聞いてみようということになり、「キレイのタネまき教室」に申し込みました。

ダスキンさんが取り組み当初から、「掃除の時間はたかが15分、されど15分」と言われていたのがとても印象に残っています。一日15分×5日は、一週間単位で考えると75分、

それは道徳の授業の45分と比べても多い時間なんですね。**掃除の時間が子どもたちの可能性を広げる時間になればいいな、**と私も常々考えていたので、ダスキンさんの取り組みにはとても共感できたのです。

「きれいな街をつくったら、きれいな状態のままいける。一回汚くなってしまうと、そこからの復活は難しい」という話がありますが、その通りだと思います。当校はきれいなところからスタートしているので、それをどこまでどうやって維持できるか。そのためには、児童も教員も掃除に対する意識を持ち続けることが大切です。

私は普段から、エクササイズを兼ねてゴミ拾い歩きをしているんですが、教員も一人ひとりが気づいた時にゴミを拾ったり清掃したりしています。そんな教員の姿を見て、子どもたちも自然にゴミを拾うようになるんです。言うより見せる方が早いということですね。

当校の職員室は、外側からも内側からも見える透明の窓なんですが、普段からきれいにしているので、自信を持って見ていただくことができます。そしてみなさんが評価してくださると、それがまた励みになる。うまく回り始めると、掃除というのもルーティンになって、きれいにするのが普通ということになるのでしょうね。鉄棒の練習も高学年になってからではなく、1、2年生くらいの頃からやるのがいいように、やはり掃除も早いうちちから教えるのがいいのではないでしょうか。

当校には「すみっコピッカピカの日」という活動があります。これは大きい行事の前に、普段15分の掃除時間を30分に延長して、隅っこまでピッカピカに掃除をする日です。名前は子どもが付けました。いつも床はから拭きなんですが、その日は一生懸命水拭きをしてくれます。高い所にある窓などは危ないので、PTAに声をかけて、保護者の方々にサポートチームとして参加してもらっています。

みんながまとまろうとしたら、何かコア（核）になるものが必要ですよね。掃除をコアにしながら、子どもと親、そしてこれから町がもっと成熟してきたら、そこに地域の人も加わって、掃除をコア（核）にした人の輪ができる。そんな、学校から保護者、保護者から地域への広がりが、これから大切になってくると思います。

学校の次は家庭、地域、そして社会、そうやって日本がきれいになっていったら、これはすごいことです。**学校で掃除が好きになった子どもが、お家の方と一緒に掃除をしたり、地域でボランティア活動をするようになる、**そうなればそれはもう素晴らしいことです。10年後の子どもがどうなっているか、掃除を核にした人のつながりが、学校から家庭、家庭から地域にどのように広がっているか、それを見ていければと思います。

「掃除は楽しい！」お掃除の授業で変わる子どもたち

ダスキン学校教育支援活動のロゴマーク

ダスキンが学校教育支援活動で使用しているロゴマークがあります。これは商標登録申請済の学校教育支援活動のマークで、リボンのようなものはぞうきん、バッグのようなものはバケツを表しています。年齢や性別がはっきりしていないのは、「立場を越えて、みんなでこの学校、そして地域をきれいにしていこう」という思いが込められているから。出前授業は毎回、このマークの説明を通して「掃除って嫌なことじゃないんだよ」「楽しくお掃除について勉強しようね」というメッセージを伝えるところから始めています。

掃除に対して「掃除をやらされる」という意識を持っている子どもは少なくありません。しかし、目的や正しい仕方を知れば、「掃除をしたい！」と前向きに取り組むようになる子どももたくさんいます。

第1章の、東京学芸大学 大竹教授との共同研究でも少し触れましたが、学校全体で年間計画を立てて取り組み、全児童がなぜ掃除をするかや、正しい掃除の仕方についてしっかり学んだ小学校では、掃除用具を正しく使って掃除をするようになるのはもちろん「自分の担当場所が終わったら、他の人の手助けをする」など、子どもの掃除への取り組みが前向きに変化する様子が見られるようになりました。

担当された先生のお話によると、子どもたちが「自分は何をすればよいのか」が明確になり、掃除時間の目標を持てるようになったからだとのことです。他にも、「掃除に関する知識や方法を全校で統一し、共有したことにより、掃除指導に迷いがなくなった」「学年やクラスに関係なく、子どもたちに声掛けができるようになった」という先生方の感想がありました。

学校の掃除への取り組みを通じて成長するのは子どもたちだけではありません。関わる全ての人を「一段」成長させる力が、一日15分の掃除の時間には秘められています。その意味で学校掃除は、新たな「人間教育の可能性」を持つ時間といえるのかもしれません。

第3章

掃除の時間を学びの時間に？

■学校に「掃除の授業」が必要だとわかってもらうまで

現場に寄り添い見えてきたこと

２００３年頃より本格的に学校教育支援活動をスタートしましたが、先生方から「掃除の指導に困っている」「どうやって正しい掃除の知識を入手すればいいかわからない」という声をお聞きすると共に、「お掃除のセミナーをやっていただけませんか？」という問い合わせを多くいただくようになりました。

そこで２００７年に、教員向けセミナーの研修カリキュラム案を作成し、本当に先生方の役に立つセミナーなのかを検証するため、いくつかの教育委員会に提案しました。学校掃除における基礎基本・子どもたちへの掃除の指導の仕方という内容だけでなく、掃除教育研究会やフォーラムでの内容を参考にし、「掃除を通して子どもたちの持っている力を伸ばす」というテーマをもとに開発しました。６時間も先生方を拘束するという、企業が実施する教員向けセミナーとしては異例なものでしたが、私たちの思いを受け入れていただき、いくつかの教育委員会で実施することができました。結果は好評で、教育委員会の研修担当の先生方から「こんな充実したセミナーは今までなかった。来年もぜひやってほしい」という嬉しい声が。そこで、先生方の意見を取り入れて内容をブラッシュアップし、２００８年、東名阪の教育委員会に本格的なご案内をしたのです。

先生方に教育の提案をすることへの戸惑い

でも、私たちの中には不安がありました。この教員向けセミナーのテーマを「掃除を通して子どもたちの力を伸ばす」と掲げていました。それは掃除のやり方を教えるだけのセミナーにしたくないという想いが強かったからですが、先生方がお掃除の会社に望むのは、「学校がきれいになる掃除の仕方を教えてもらうこと」なのではないか、そんな心配があったのです。

ダスキンは掃除の会社ですから、もちろん掃除のノウハウは提供できます。例えば「廊下の汚れはこうすると取れますよ」と伝えることは、自然といえば自然です。しかし私たちが伝えたいのはそれだけではない。「掃除の時間、掃除の指導は、子どもたちの持っている力を伸ばす可能性を持った時間なのではないか」ということを先生方と一緒に考える、そんなセミナーをしたかったのです。教育のプロである先生方に、このような提案をさせていただいてもいいのだろうか？　という戸惑いがありました。

「目からうろこが落ちました！」

教員向けセミナーのプログラムは大きく分けると、

①学校掃除の基礎とそれをどのように子どもたちに教えるのか
②学校掃除を通じて子どもたちのどんな力を伸ばすことができるのか

この２つのテーマで構成されています。（詳しくはP.66参照）また手法としては、ダスキンからの講義、掃除に関するさまざまな実習、ＫＪ法（※）等を取り入れたワークショップなどを組み合わせ、先生方が自ら考え、体験できるように意識してプログラムを組みました。

ふたを開けてみると、これが大好評。受講後の先生方のアンケートには、正しいぞうきんの絞り方、掃除のやり方についての学びはもちろん、それ以上に、毎日当たり前のように行っている掃除の時間に対する意識が変わり「目からうろこが落ちました」という言葉が溢れていたのです。

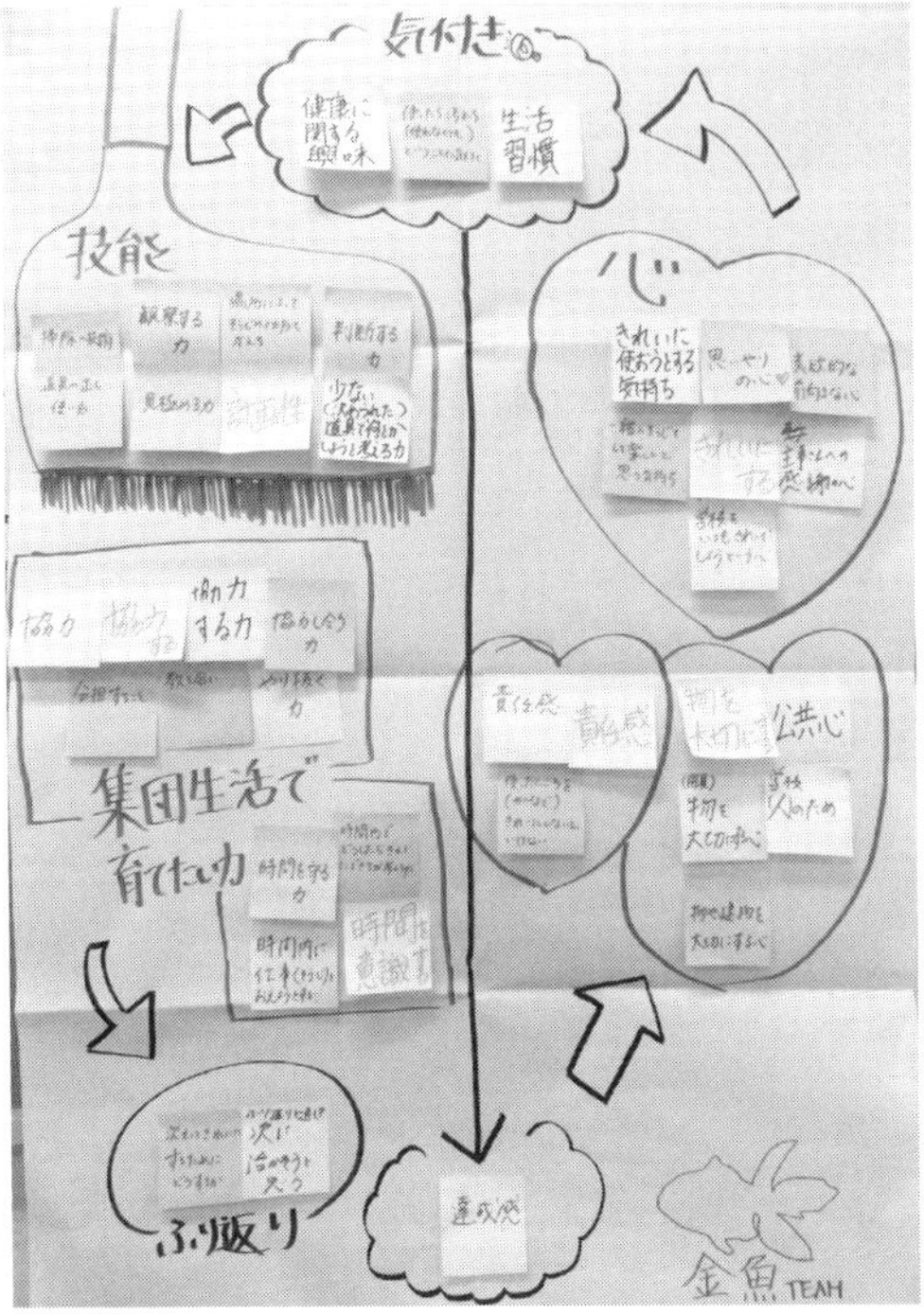

「掃除の時間は子どもたちのどんな力を伸ばす？」KJ法を使ってまとめます
～教員向けセミナーにて～

結果的に「子どもたちの力を伸ばす学校掃除セミナー」は予想を上回る反響がありました。掃除用具の正しい使い方や指導の仕方に加え、「掃除時間が子どもたちに及ぼす可能性」を考えるこのセミナーは、経験豊かな先生にとっても新たな気づきを得る機会になったという評価をいただき、翌年以降も各教育委員会からリピートの申し込みをいただきました。「子どもたちの力を伸ばす」をテーマに掲げ、ひとつずつ丁寧に活動を進めてきた私たちにとって、このような想定以上の高い評価をいただけたことは、とても嬉しいことでした。

※KJ法とは…収集した多量の情報を効率よく整理するための手法のこと。課題に対して思ったことをカードに記述し、カードをグループごとにまとめて、図解し、論文等にまとめていく。名前のKJとは、提唱者の文化人類学者、川喜田二郎氏のイニシアルから来ている。

■教員向けセミナー本格指導

ひと夏で28カ所の教育委員会へ

教員向けセミナーが本格的に始まった２００８年には、28カ所の教育委員会で教員向けセミナーを実施させていただきました。これは一年間ではなく夏休み期間の7月と8月、約一カ月半での開催実績です。当時、教育委員会が主催する教員向けセミナーに、一企業がこれだけ登壇することはあまりなかったようです。

今でこそダスキンの活動は多くの教育現場で知られるようになりましたが、当時は、電話でご案内する際にも「講師費用はいただきません」と言った瞬間に「最後の30分はモップの宣伝ですか？」と、販促活動と誤解される時代。それでも、丁寧に主旨を伝え、話を聞いて下さるところがあれば、どこでも資料を持ってに説明に伺いました。ダスキン本社がある大阪から全国へ出向くため、効率も重視しなければなりません。北海道では３つの教育委員会を日帰りで回る、という過酷なスケジュールをこなしたこともありました。

教員向けセミナーは多忙な先生方を一日拘束することになります。まだ実績の少ない一企業を講師として呼ぶことは、主催者である教育委員会にとってもリスクを伴う選択であったはずです。教員にとってどれだけ参考になる内容かまだわからないからです。あらためて考えてみると、よくあれだけ多くの教育委員会がセミナーに興味を持ち、申し込んでくださったと、感謝してもしきれません。そして今も、教育委員会の研修を担当されている先生方がダスキンに寄せてくださっている期待の大きさを感じています。

また、セミナーを受けた先生方の中から、私たちの想いに共感してくださる方が多く現れ、セミナーを教育的により良いものにするために、たくさんのアドバイスをくださいました。私たちは掃除の大切さを伝えたい、掃除が子どもたちの持っている力を伸ばす可能性のある時間であろうという想いはあったものの、教育に関する専門家ではありません。この時期に、私たちの活動に共感し、アドバイスをしてくださった先生方との出会いがなければ、今の活動はなかったと言っても過言ではありません。

先生方に育てていただいた教員向けセミナー

とにかく一生懸命でした。先生方の前で研修をするのは初めてでしたから、満足いただける話が自分たちにできるのか不安もありました。でも何とかして期待にお応えしたい、そして掃除の大切さを伝えたい、その想いで頑張れたのです。当時はまだエアコンのない学校もあり、夏休み期間の猛暑の中、一日6時間実施したこともありました。ある時は「ダスキンさん、眉毛が汗でなくなっていますよ！」と言われたことも。それでも先生方が熱心に話を聞いてくださる姿が、何よりの励みになりました。感謝とともに、お役に立ちたい一心で、ひと夏ひと夏、丁寧にセミナーを進め、そしてそんな中でセミナーに参加いただいた先生がいたからこそ、今があります。

また、教員向けセミナーの終了後には、当日とセミナー終了4カ月後にアンケートの形でご意見やご要望をいただき、一回一回のセミナーを無駄にしないよう努めてきました。先生方からのご意見やアイデアは、次年度以降のセミナーの内容や資料に反映させていただき、現在に至っています。より良いセミナーをつくろうと、一緒に汗を流してくださった先生方には本当に感謝しています。

■学校掃除サポーター制度の発足

現場のニーズから生まれた出前授業

現場の声を取り入れながら、学校教育支援活動を着実に進めていく中で、「子どもたちにも掃除の授業をやってもらえませんか?」という先生方からの問い合わせが入るようになりました。

時を同じくしてダスキンの加盟店から「近隣小学校への出前授業を行いたいのだが、どうだろう?」という声が出始めます。その中で、加盟店の経営を引き継ぐ後継者・後継予定者で結成された若手の会のメンバーからも、「地域の小学校で掃除の授業をしたいので、協力してもらえないか」との問い合わせがありました。加盟店の中には「地域に貢献できる企業でなければ、今後のダスキンの発展はない」と社会貢献を視野に入れた経営を考える人が増えてきたのです。

私たちも、ダスキンの社会貢献活動の一つとしてこの活動を進めていくには、子どもたちに直接メッセージを伝えることができる出前授業は必要だと考えていました。そこで、一緒に出前授業の開発・検証を進めていくことになったのです。

社内評価の伴わない教育支援活動

これからの教育支援活動は、自分たちだけで進めるのではなく、加盟店と本部が一緒になって進めていく必要があるのではないか……そのような思いが生まれ始めていましたが、そんなことが実現できるとはまだ思ってもいませんでした。

なぜなら、教員向けセミナーがスタートし、教育現場からは徐々に高い評価が寄せられるようになってきていましたが、ダスキン本部内では活動の真のねらいやプログラムの内

教員向けセミナーで使用する教材は一枚一枚手作りで準備しました
（ダスキン本社ビル会議室にて）

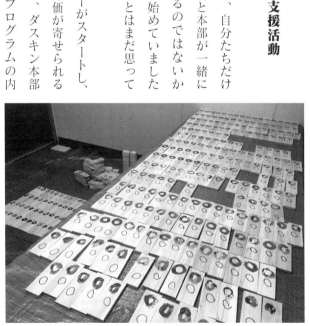

容、学校からの評価などはほとんど知られていない状況だったからです。何かしら評判を耳にすることはあっても「掃除のセミナーだから、掃除の仕方を教えているのだろう」という認識しかない社員がほとんどでした。

今だからこそ言えることですが、人も予算も削られ、社内評価も低い。そんな時期もありました。「売上に直結しない」と、社内ではなかなか認めてもらえず、常にぎりぎりの予算でやりくりするしかなかったのです。セミナーの教材も自分たちで作りました。そのことが逆に、先生方の共感を呼びました。「ダスキンさんも私たちと同じように、自分たちで教材をつくるんですね」という声をいただくこともありました。

学校掃除サポーター制度始まる

そんな折、転機が訪れます。2011年3月、来期の活動政策の詳細を検討するタイミングでのことです。当時、新しく赴任してきた上司に来期の活動予定を確認しようとしたところ、「この活動をこれからどうしたいの？　どんなことをやってみたいの？」「予算のことは考えなくていいから、やりたいこと、ビジョンをプレゼンしてください」と言われたのです。それまで、このようなことを言われたことはありませんでした。教育コーディネーターの会社にも入っていただき、何度も検討しました。何をしたいのか。どんな方向に展開していきたいのか？　検討した結果、「この活動を全国に拡げていきたい」、そして「ダスキンが行う社会貢献活動は、やはりフランチャイズという仕組みを使い、加盟店と本部が一緒に行わなければならない」ということでした。そこで、将来の発展・拡大までを考え、以下のような思い切った提案をしたのです。

①加盟店と本部が一緒になって、「全国の子どもたちに掃除の大切さを伝える」という掃除の会社ダスキンにしかできない社会貢献活動を推進する。そのために「学校掃除サポーター制度」を導入し、学校教育支援活動の全国展開をはかる。

②活動内容は、「教員向けセミナー」と「小学生向け出前授業」の2本柱とする。

さらに、その実現のために次の3つを考えました。

①各地域本部にこの活動の窓口となる本部社員を育成する。

学校掃除マスター

※学校掃除マスターは教員向けセミナー、出前授業を実施する講師としての役割のみならず、学校掃除サポーター（左記参照）の育成も担当する。

②この活動は、必須参加にするのではなく、あくまでも活動の意義に賛同いただいた加盟店と共に実施する。そして出前授業を実施する講師は、加盟店の社員の中から育成する。

学校掃除サポーター

③この活動の企画から運営全般まで、暮らしの快適化生活研究所（現：掃育研）が担当する。

企画に目を通した上司は、〝人を育て、人と社会に喜びのタネまきをする〟ダスキンだからこそ、これからはこのような活動が必要であると判断してくれました。そして、この活動を2000年からコツコツとやり続けてきたことに対しても評価に値すると、非常に理解を示してくれたのです。

この企画は、暮らしの快適化生活研究所（当時）の正式な提案として部長会議で確認後、会社の諮問機関のひとつである常務会で理解と承認を得ることになりました。直接売上に結びつかない学校教育支援活動のような取り組みは、それが良いことだとわかっていても、日々の業務に追われる中、後回しになってしまうことが多いものです。経営陣の承認を得て、会社の取り組みとして認めてもらうことは、将来に向けての大きな一歩となりました。

フランチャイズの加盟店と本部が一緒になって活動を進めることについて、承認を得られたのには、２つの理由がありました。

一つ目は、全国の学校や教育委員会から教員向けセミナー、各地域の小学校からは出前授業のご要望が増えてきたこと。

二つ目は、「地域の子どもたちに掃除の大切さを伝えたい」と言ってくださる加盟店からの声が、本部に寄せられ始めたことです。この活動を推進していくことで、店内を活性化していきたいという加盟店オーナーの声も聞かれました。

本部の社員だけでなく、加盟店と共に、ダスキンファミリーとして、教育支援活動に参画できる「学校掃除サポーター制度」は、これからのダスキンにとって必要な活動であると、その意義と価値に賛同してもらえたのです。

■国から表彰、そして社長賞を受賞

経産産業省「第4回キャリア教育アワード」
文部科学省「青少年の体験活動推進企業表彰」の受賞

学校掃除サポーター制度が動き出し、活動にもさらに勢いがつき始めた２０１３年度、経済産業省主催の「第４回キャリア教育アワード」で、ダスキンの『学校教育支援活動』が大企業の部で優秀賞を受賞しました。

「キャリア教育アワード」は、企業や団体による教育支援の取り組みを推奨・普及するために、経済産業省が２０１０年度から実施している表彰制度で、この年は60件の取り組みの中から、ダスキンの活動が優秀賞に選ばれたのです。

受賞理由は次の通りです。

①学校での掃除の時間を貴重な社会教育の時間として捉え直し、掃除のプロであるダス

キンのネットワーク・人材を活用した事業の展開はユニークである。

②講師育成用研修プログラムが確立しており、教員向けのセミナーも実施している点において、企業として長期的で、継続性を見込んでの取り組みとなっており評価できる。

③掃除という学校でも身近な内容を教材に取り上げているとともに、「学校掃除を通して伸ばしたい習得目標シート」がわかりやすい。

中でも、「ダスキンのネットワーク・人材を活用した事業の展開がユニークである」という表現で評価されたことは、私たちが「加盟店と本部が一体となって取り組むことの意義」について、改めて認識する機会になりました。

国から表彰を受けることの効果は、想像以上に大きいものでした。２０１４年４月には社内で優れた活動に贈られる「社長賞」も受賞。そして２０１６年には、文部科学省主催「青少年の体験活動推進企業表彰」で『審査委員会特別賞』を受賞しました。社内で学校教育支援活動が一気に知られることになったのです。

関わる全ての人が自信を持って取り組める活動へ

学校教育支援活動が注目され、社会から良い評価をいただくことができれば、それはそのままダスキンへの評価になります。そしてその貢献に対して、社内からも評価を受けることができれば、活動に関わる全ての方々の喜びにつながります。

そもそもキャリア教育アワードにエントリーしたのも、会社や社会から、表彰という目に見える形での評価をいただけることが、そこに携わっている人たちの誇りや自信につながるのではないかと考えたからです。

私たちにとってこれ以上に嬉しいことはありません。

【コラム①】ダスキンがより地域に密着し、お役にたてる企業であり続けるために
（入社13年目　女性社員）

学校掃除マスター（一期生）

学校掃除サポーター制度が始まった最初の年に、各地域から選出された学校掃除マスターの一人として、本社での研修に参加しました。事前に少しだけ内容を聞いていたのですが、研修を受けてびっくり。地域から一緒に参加したのは、ベテランの先輩方ばかりで、「どうして私が選ばれたの?!」というのが率直な感想でした。上司に尋ねると「これからのダスキンを背負っていく人にやってもらいたい」との答え。そう言われると断れなくて（笑）、不安と戸惑いでいっぱいの中、とにかくやってみようというところから始まりました。

研修ですから、一応きちんと聞いてはいましたが、やはり「上司に言われたから来た」という気持ちはしばらく拭えませんでした。この活動は全社的な活動だと聞いていたものの、メンバーは一部の部門の人だけ。この活動はダスキンのCSR活動として継続す

るのだろうか？　と半信半疑でした。

今思えば、不安というより、不信に近い気持ちだったと思います。

二期生、三期生とマスターとしての後輩が増えてくるに従って、この活動と、それを先導するダスキンお掃除教育研究所の本気度を見せつけられた思いがしました。

●お掃除の先生としてのデビュー

研修開始から半年くらいたった頃でしょうか、出前授業の実習が始まりました。学校で子どもたちに45分間授業をします。それまで教壇に立つことはもちろん、学校への出入りもほとんどなかったので、どうなるのか不安でいっぱいでした。最初の授業ではとにかく緊張して、45分が長いような短いような、普段とは違う時間の流れを感じました。何を話したかはもう覚えていませんが、子どもたちが本当に目をキラキラさせてこちらを見ていたことは、とても印象に残っています。

また、教員向けセミナーの講師は、複数のマスターでパートを分けて担当しました。初めて登壇したセミナーでは、自分が担当するパートを時間内に終えることができず、次のパートの人に迷惑をかけてしまいました。ものすごく練習したのに思うようにいかなくて落ち込んでいたところ、一人の先生が駆け寄ってきて、「すごくわかりやすい授業でした」と、嬉しい言葉をくださったんです。きちんと伝わっていたんだ、真剣に話を聞いて受け止めてくださったんだ、そう思うと本当にうれしくなりました。

●一期生として大変だったこと

最初は社内でもほとんど知られていなかったので、周りの社員にこの活動をどうやってわかってもらおうかといろいろ試行錯誤をしました。当時の拠点責任者が会議で出前授業や学校教育支援活動のことを発表する場を設けたこともあり、地域の中で理解の輪が広がっていきました。

●先生方や子どもたちと接する中で感じること

最初は台本どおり、覚えたことを伝えるのに精一杯。でも、何回か授業を行ううちに、子どもたちの反応にもいろいろあることがわかってきました。キャッキャッと楽しそうに授業を聞いてくれる低学年の子どもたちや、じっと耳を傾けてくれる高学年の子どもたち、その反応は本当にさまざまです。学年だけでなくクラスによっても特色があって、同じ授業をしていても毎回違う反応があるのは発見でしたし、面白いなと感じました。

教員向けセミナーも、最初はあまり関心がなさそうだった先生方の姿勢が、だんだん前のめりになってくるのがわかってきました。休憩時間には、先生方からたくさん質問があり驚きました。床の汚れの取り方、ワックスのかけ方、教室が古すぎてきれいにならない、今日学んだことをどのように伝えたらいいか……。日頃、掃除の専門家として仕事をしている私たちには当たり前のことでも、先生方にとっては悩みのタネであることがこんなにたくさんあることに気づかされました。

●学校掃除マスターの活動を通じて身につく力

プレゼンテーションをする力や、45分という限られた時間の中で、伝えるべきことを伝える力。社内でもプレゼンや発表をする機会はありますが、社外で「教えることのプロ」である先生方の前で話をしたり、ダスキンのことを知らない子どもたちにダスキンの社員として掃除の知識を伝えることは、社内の人に伝えるのとはまた違う学びや気づきにつながっています。経験を積むことで、自分でも知らないうちにいろいろな力が鍛えられていたのだと思います。

コラム①

●学校教育支援活動の広がりに思うこと

出前授業にお申込みいただく学校がすごい勢いで増えて、正直驚いています。先生方が口コミで広げてくださって、出前授業を受けた先生が異動になった先の学校でも申し込んでくださる、そんなケースも増えているようです。

初めは社内だけだった活動が加盟店にも広がり、身近な加盟店の方々と一緒に活動できるようになったことは、私にとっても喜びでした。私の地域では加盟店オーナーが、学校教育支援活動の取り組みを、加盟店の集まる会議で体験発表するなど、出前授業や教員向けセミナーのことが加盟店の間でも随分知られるようになってきています。

●これからの学校教育支援活動に期待すること

２０１６年から、当社の新入社員研修の中に出前授業の実習が組み込まれるようになりました。これはとても大きな一歩だと思います。新入社員研修で学校教育支援活動に関わることができれば、その後にどの部門に配属になっても、経験として残る。実際に学校に出向くのは一部の社員でも、自分の会社がこんな活動をしているんだという意識をもつ人が増えていくことも、全社的な取り組みとしての広がりだと思います。

この学校教育支援活動が広がることで、地域の加盟店からも「学校からすごく喜ばれて嬉しい」という声がたくさんあがっています。ダスキンがより地域に密着し、お役にたてる企業であり続けるためにも、この活動をもっと広げて育てていきたいと思います。

ホウキとチリトリの練習を代表の子どもたちが行います
～出前授業「キレイのタネまき教室」にて～

第4章

掃除のプロから、ダスキン先生誕生！

■学校掃除サポーター制度とは

活動を支えるスタッフの役割と仕組み

第3章でも紹介したように、ダスキンの学校教育支援活動は本部と加盟店が共に取り組む活動です。この活動を支えるスタッフは主に「学校掃除マスター」「学校掃除アシスタントマスター」「学校掃除サポーター」で構成されており、それぞれの役割は違います。

以下、ご紹介します。

学校掃除マスター

全国9地域本部の各責任者の推薦により選出された、学校教育支援活動の推進役。教員向けセミナーおよび出前授業の講師、そして学校掃除アシスタントマスターとサポーターの育成を行います。（ダスキン本部社員）

学校掃除アシスタントマスター

学校掃除マスターのアシスト、出前授業の講師および学校掃除サポーターの育成を担当します。（ダスキン本部社員）

学校掃除サポーター

出前授業の講師を担当します。（加盟店社員および、ダスキン本部社員）

全て、座学の研修と実技研修が課せられており、一定基準に達するまで、何度も研修を受講します。特に学校掃除マスターにおいては、教員向けセミナーの実施時期が夏期に集中することもあり、講師の経験を積める期間が限られていること

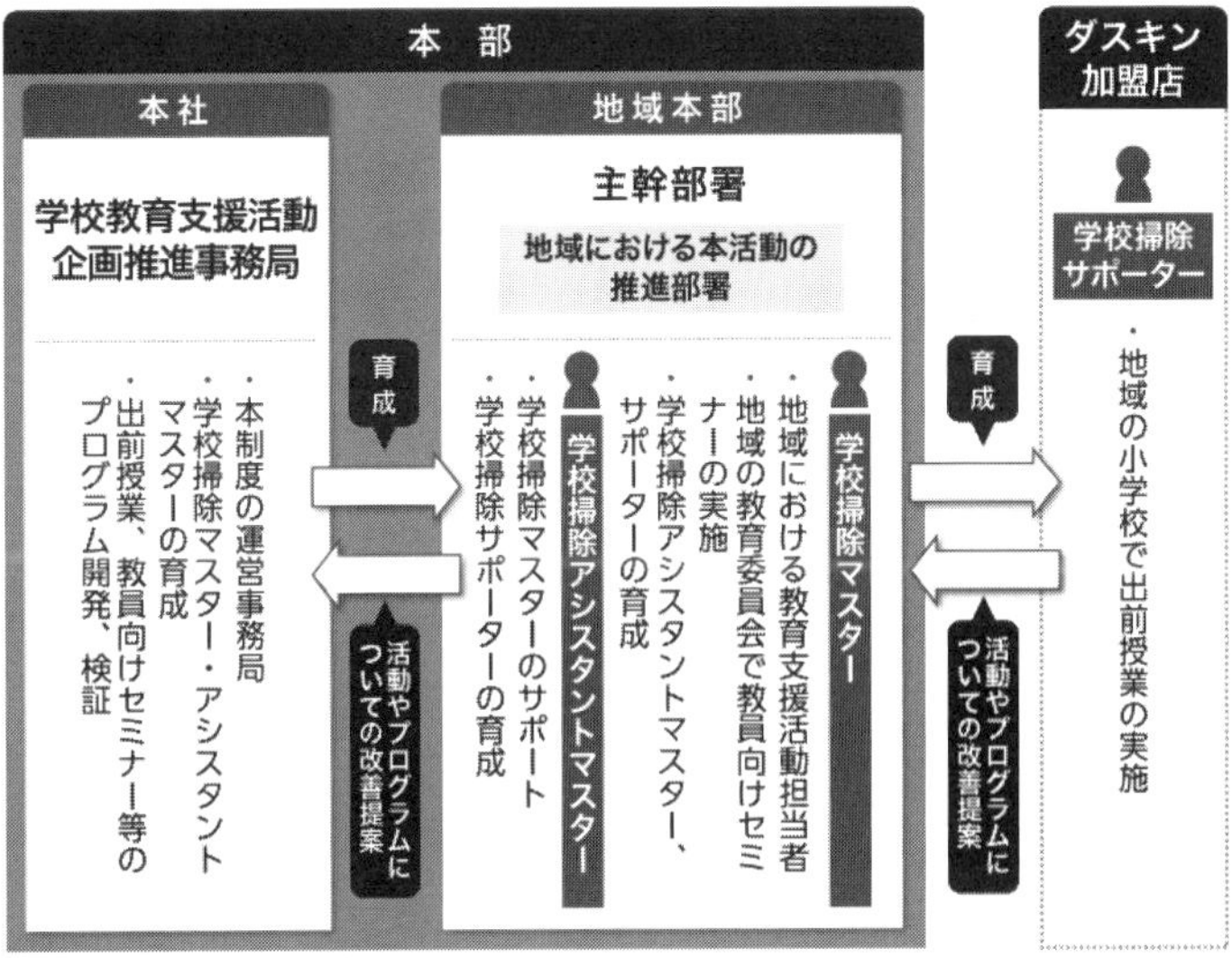

学校掃除サポーター制度の概要

ともあり、正式にマスターとして認定されるまでに最低でも3年を要します。後に詳しく紹介しますが、それぞれが自身の主業務を抱えながら研修を受け、資格の認定を受けます。認定を受けてからも、定期的に研修を受け、講師としてのスキルアップを目指します。

教員向けセミナーや出前授業は、誰でもできるわけではない

学校掃除サポーター制度の構想を役員の会議で発表した時のこと。加盟店と本部が共に取り組むという掃育研の提案に対し、役員の中から「出前授業と同様に、教員向けセミナーも主に地域での取り組みなのだから、加盟店と一緒に活動したらどうか」という意見が出ました。その時、当時のダスキン本部の伊東会長が次のように言いました。

「ちょっと待ってくださいみなさん！　教員向けセミナーを見たことがないでしょう。あれは、誰にでもできることではない。向き不向きもある。人を教えるプロである教員の前でお話をするわけだから、適している人にのみ、やってもらってください。誰にやってもらうかは、よく考えなければならない」伊東会長は以前からこの活動に理解を示しており、教員向けセミナーや教育フォーラムを見学されたからこその発言でした。

さらに、その言葉に続いて、教員経験のあるダスキン本部の山村社長からも「これはだれ彼かまわずにさせないでください」との強い要望がありました。教育支援活動は単なるボランティア活動ではないということ、教育現場に関与するからには、それだけの責任と準備をもって取り組むべきである、との認識をトップと共有できたことは私たちにとって何より心強いものでした。

前述した厳しい研修や認定制度など学校掃除サポーター制度が現在の形になった原点には、「人を育てる教育現場に立つということに、強い責任と自覚をもって臨んでください」という会長、社長のトップダウンがあったのです。

■掃除の仕事をしながら「掃除の先生」へと変わるまで

「CSRって何ですか?」逆境からの出発

２０１１年春、まずは全国９地域にある地域本部から選出されたダスキン本部の社員約20名が、「学校掃除マスター一期生候補」として集合しました。しかし一期生候補といっても、自分から手を挙げて集った人は誰もいません。中には何のことかわからないまま、上司から指示を受けたので来ました、という認識の人もいました。

学校掃除サポーター制度の活動の趣旨を説明するものの、そもそも「CSR活動」という言葉を聞いたことがない人も多く、みんな怪訝《けげん》そうな顔をしています。「いったい何をしようとしているの?」と視線を向ける人、「この忙しい時に、学校に出向いてお掃除教室をするっていうのか?!」と不満をあらわにする人……。参加者から良い反応が得られない中で、一期生候補の研修はスタートしたのです。

数カ月後の夏に開催した2回目の研修では、学校に赴き、教員向けセミナーを実施する様子を見学してもらいました。しかし「へー、こんなことしていたんだ」「このセミナーを自分たちがやるんですか？」と、他人事と思われる反応ばかり。「この活動って、来年になっても本当に続いているの？」とまで言う人もいました。

「もう一度、人選してください」

役員の会議で会長、社長から「講師にも向き不向きがある。講師の選任は慎重に」と言われたものの、そもそも活動の趣旨を理解してもらえないのでは話になりません。上司と相談した結果、まずは各地域の拠点責任者に現状を伝え、協力をもらうことになりました。一期生候補者に継続の意思を確認した上で、必要であれば改めて人選をしてもらうよう依頼したのです。

この時に何人かが候補から外れましたが、残ったメンバーは、研修に参加していくにつれて、この活動の重要性を理解し、取り組む姿勢に変化が見え始めました。まだピンとこない、という人もいましたが、「本当に続くの？」と思っていた活動に参加し、研修を受けていくうちに、この活動の意義に気づき始めた人も少なくなかったようです。

「お掃除先生」いよいよデビューへ

一期生候補の研修が始まって1年後の2012年春、いよいよ講師デビューへの準備が始まります。目指すは夏の教員向けセミナー。数カ月後にはダスキンの学校掃除マスターとして、教壇に立たなくてはなりません。しかし説明会を受け、担当する教育委員会が決まってもなお「本当に自分たちがやるんですか?」と、不安に感じている人もいました。

当時、教員向けセミナーは6時間。一期生候補が最初に担当するのは「学校掃除の基礎講座」(1時間)と「ダスキン教育支援カリキュラムの紹介」(30分)のパートです。けれどもいきなり先生方の前で話すのは、当然無理なこと。そこで掃育研のスタッフが各地域に出向き、本番を想定したリハーサルを行いました。彼らの意識は少しずつ変わってきたものの、まだまだ自分が教壇に立つ実感がわかないという人や業務が忙しくてなかなか練習の時間がとれないという人、どうやって練習したらいいのかわからないという人もいて、私たちが到着して初めてテキストを開くという人もいました。

しかし、「いつもお客様と話をしているし、まあ、なんとかなるだろう」という気持ちから、事前にしっかり内容を把握してこなかった人は、リハーサルが始まった瞬間、その間違いに気づくことになります。自分一人で1時間30分のパートを担当する、それがどういうことなのか。ようやく一人ひとりの中に「自分はダスキン先生として教壇に立つのだ」という緊張感が高まり始めたのです。

夜遅くまで続く前日リハーサル

迎える本番の前日には、最後の通しリハーサルがセッティングされています。練習の成果はどうかというと、驚くほどできていなくて、明日どうなるんだろうと思うことが何度も。夜遅くまでリハーサルをすることもあり

学校掃除マスター合同研修会の風景

ました。

あまりにも準備ができていないため、掃育研のスタッフから「今日のリハーサルでできなかったら、明日は話してもらわなくていいです！」と言われて、「このままではまずい」とようやく気持ちに火がついた人も。中には「時間を気にせず練習ができる場所を捜して、そこで練習の続きをやろう！」と言い出す人もいました。

一期生候補といっても、ふだんそれぞれの職務を抱えています。ただでさえ多忙な中、セミナーの練習時間を捻出するのは大変なことでした。当時はまだ職場の理解が十分ではなく、「この忙しい時に何が教員向けセミナーだ」と同僚や上司に言われる人もいました。

学校掃除について話し合う受講者は真剣です　～教員向けセミナーにて～

そのため、定時後から会議室にこもる、あるいは家に帰って練習するという人もいたのです。

教員向けセミナーは、夏期休暇中に全国20カ所以上で実施をしなければなりませんから、リハーサルを担当する掃育研スタッフは毎日が会場から会場への移動です。時には現地入りが前日の夜遅くになることも。それでも、いよいよ明日だ！　とスイッチが入ったマスターは、もう必死です。掃育研スタッフの到着をホテルのフロントで待ち構えていて、それから練習をするなど、みんな一生懸命準備に取り組んでくれました。

初年度26の教育委員会で「子どもたちの力を伸ばす学校掃除セミナー」が実現

こうしてスタートした学校掃除サポーター制度。掃育研スタッフとマスター一期生により、２０１２年には全国26の教育委員会で「子どもたちの力を伸ばす学校掃除セミナー」が実現しました。２０１２年４月に二期生、２０１３年には三期生の募集が始まると、一期生の姿を見ていた周りの人たちも、この活動に少しずつ理解を示してくれるようになりました。また、二期生や三期生も、必死でリハーサルをしている一期生の姿を見ていたことで、「来年は自分もあれをやるんだな」と、活動内容がイメージしやすかったようです。

そのようなこともあり、この活動の意義を理解し、自ら手を挙げてマスターになってくれる人、最初からやる気を持って真剣に研修を受けてくれる人が出てくるようになりました。そして何よりも、マスターが一期生、二期生、三期生と増えていくことでこの活動が拡がり、もっと言うならダスキンとしてのこの活動に対する想いが、確実に大きくなってきていることを感じ、前向きに参加してくれる人が増えると同時に、職場の人達の理解も高くなってきました。２０１７年12月現在では、47人のマスターが活動しています。

この取り組みを続ける中で、新たな効果も出てきました。全国にいるマスター同士が交流できる貴重な機会になるという点です。北海道から九州まで地域や事業部間をまたいでの活動なので、定期的な研修や教員向けセミナーの現場で、普段知り合えない人の輪ができ始めたのです。通常は、事業が異なるとなかなか接点はありません。しかし、この活動をきっかけに、「東京や大阪の研修で定期的に顔を合わせることになり、そこで同じ目標をもつ仲間ができることはすごくプラスになった」そんな声が出てきたのも嬉しいことでした。

経営陣を驚かせた社員たち

学校掃除マスター一期生が誕生し、各地でマスターが本格的に活動するようになった頃、セミナーを見学したある役員が「先生方の前でどんな風に話しているのだろうと思っていたが、これは教員へのコーチングセミナーだな」と驚いていたことがあります。掃除の仕方なら当然だが、そうではない部分に対しても先生の気持ちを惹きつける話ができる、うちの会社にはそんな社員たちがいるのかと。

また、教員向けセミナーを見学した山村社長が「最初の30分で先生方の目つきが変わった、これはすごい！」と、真夏の暑い中、ほぼ一日見学しました。学校教育支援活動が全国に拡がり、社内でも少しずつ認知されるようになったのは、とにかく一生懸命この活動に取り組んでくれたマスター一人ひとりの力があってのことなのです。

■「お掃除先生」を育てる事務局スタッフの覚悟

学校教育支援活動が拡がった理由

教育CSR活動の事務局というのは、他の企業でも少人数であることが多いと聞きます。マンパワーも予算も少ない、その中でできることは限られている……。かつて、私たちがそうだったように、同じように悩んでいる教育CSRご担当の方も少なくないのではないでしょうか。

最近、「ダスキンさんの学校教育支援活動が急速に広がった理由は何ですか?」と聞かれることがありますが、3つの要因があったのではないかと考えています。

一つ目は「少人数で始めたこと」。もちろん、もっと人がいたら、予算があったらと感じることもなかったわけではありません。しかしその一方で、人数が少なかったからこそ意思の疎通もシンプルに、スピード感をもって進めることができたのも事実です。

二つ目に「暮らしの快適化生活研究所」という、調査・研究を業務とする部署だったこと。それにより、自分たちのやりたいことではなく、学校現場が何を求めているかを調査し、現場が望むこと、そして私たちが伝えたいことの両方をつなぎ合わせて活動を進めていったことが大きかったと思います。

そして最後に、それに応えてくれる全国の仲間に恵まれた幸運。ダスキンの学校教育支援活動が全国に拡がったのは、なにより、その幸運によるところが大きいのかもしれない、そのように思います。

熱意には熱意が返ってくる

よくわからないまま「ダスキン先生」をすることになり、気がつけば無我夢中で講師デ

外部の講師を招き、教育現場における掃除の実態を学びます　～学校掃除マスター　合同研修にて～

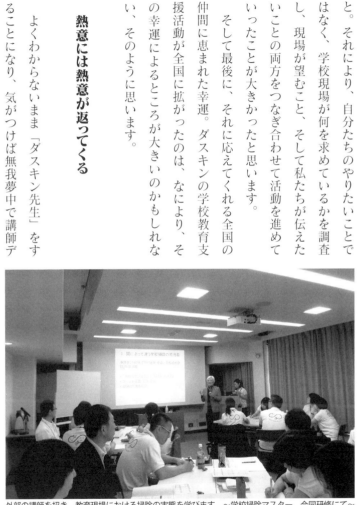

ビューをしていたマスター一期生。それだけに、彼らにとってもやりきった後の達成感は大きいものでした。

当時、この研修に渋々参加していたあるマスターに、「もうやめますか?」と言ったことがあります。そのマスターは、初めは「本当にやるの?」と半信半疑、面倒な気持ちが先に立っている様子で、まったく意欲が感じられなかったのです。そんな彼が、掃育研スタッフの姿を見て「あぁ、この人たちは真剣なんだ、本気でやろうとしているんだ。それなら自分たちも、やらなきゃいけない」と、活動に対する姿勢が変わったと後から語ってくれました。

「業務の忙しい中、なんで自分がこんなことを……」マスター一期生候補として研修に参加した社員の多くは、そんな思いからのスタートだったと思います。話すことに苦手意識を持っていた人もいたでしょう。けれども、それまで見ているだけだった教員向けセミナーで、「自分が話す」、という経験を経て、初めて一期生全員の中に、学校掃除マスターとしての自覚が生まれたのです。

「鬼」と呼ばれてもこだわり続けたこと

ダスキンはさまざまな事業を行っています。しかし、どんな部署のどんな経験を持った人でも、この活動を推進する役目として、言うべきこと、必要なことははっきり伝えることを徹底してきました。

研修生から「1000本ノック」と呼ばれていた教員向けセミナーのリハーサルでは、細部にわたりアドバイスを行い、セミナーの質を維持することを心掛けました。その一貫してぶれない姿勢と活動に対する想いが、一期生に伝わったのではないかと思います。「みんなで仲良くやりましょう」という姿勢では、今のようにはならなかったと思います。

教員向けセミナーを終えた翌月9月に、マスター全員での振り返り会を行いましたが、5月にはなかった団結力が感じられました。振り返り会では、全員が教壇に立つまでの練習シーンや当日の様子を撮影した写真を編集し、映像にしたものを皆に見てもらったのですが、感極まって涙を流す人もいました。こうしてみんなの想いが一つになる、学校教育支援活動のホームが生まれたのです。

■全国で出前授業を！　学校掃除サポーターの誕生

ダスキン本部の社員による学校掃除マスター一期生が誕生した翌年の２０１２年、全国の加盟店に「学校掃除サポーター」としての協力を呼びかけることになりました。この制度ができる以前から地域貢献活動に関心を寄せていた加盟店を初め、今では多くの加盟店が学校教育支援活動に賛同し、参加してくださっています。オーナー自ら研修を受けて学ばれる姿を目の当たりにした時は、感謝とともにこれからがダスキンの学校教育支援活動の真のスタートだと気持ちを新たにしました。

学校掃除サポーターは、出前授業「キレイのタネまき教室」で、子どもたちに掃除の授業を行います。出前授業は年に2回、小学校を対象に募集をするのですが、教員向けセミナーに参加した先生が、子どもたちにぜひ受けさせたいと申し込んでくださったり、出前授業を体験した学校の先生から口コミで広がったり。ありがたいことに、その数は急激に増えています。

出前授業を実施する学校が決まったら、学校を訪問して事前打ち合わせを行います。授業内容の確認や所要時間などをお伝えするだけでなく、授業を進行していく上でのお願いや、当日授業をする教室の下見をさせていただくのです。授業をする場所は教室だけでなく体育館などの場合もあるので、講師の声が子どもたちに届くか、マイクやプロジェクターは使用できるかなど、必ず確認をします。

もちろん、練習・リハーサルにも余念がありません。マスターやアシスタントマスターも全力でサポートをします。加盟店と本部が連携を取りながら、万全の体制で本番当日を迎えるのです。

■講師認定プログラム、更新研修について

講師育成研修プログラム

出前授業・教員向けセミナーを支える「学校掃除マスター」「学校掃除アシスタントマ

スター」「学校掃除サポーター」によって構成される、学校掃除サポーター制度。この制度が全国に根付き、運営されるようになるまでには数年かかりました。さらにこの制度がうまく機能するために、プログラムやアフターフォローの体制は常にブラッシュアップをして、内容の充実を図っています。

ダスキンでは「人を育てる」ということを大事にしています。この活動においても講師研修プログラムを充実させ、講師の授業の品質を保つ、もしくは上げるという点に妥協をしないようにしています。

まず、教員向けセミナーの実施からサポーターの育成まで、すべてを担当する学校掃除マスターの認定には、年間で集合研修（座学）３回と教員向けセミナーや出前授業の実技研修で最低でも３年かかります。各自の仕事の状況などからスムーズに研修を

◇講師育成研修プログラム

プログラム名	研修内容	研修期間（目安）
学校掃除マスター育成研修	・集合研修（座学）　年３回	３年以上
	・教員向けセミナーの実施	
	・出前授業の実技研修	
学校掃除アシスタントマスター育成研修	・集合研修（座学）　２回	１年以上
	・出前授業の実技研修	
学校掃除サポーター育成研修	・集合研修（座学）　１回	６カ月～１年
	・出前授業の実技研修	

受けられなかったり、教員向けセミナーや出前授業に行けなかったりすることもあり、誰もが3年で認定を受けられるとは限りません。やはり「人を教えるプロである教員」の前で話すこと、教壇に立って子どもたちの前で授業をすることは、初めての経験ですから、認定までにはそれなりの時間を要するのです。

また、教員向けセミナーは実施しませんが、出前授業の講師であるサポーターの研修・育成を担当するアシスタントマスターは、集合研修（座学）2回＋出前授業の実技研修で、こちらも同じく認定を受けるまで時間をかけて研修は続きます。

最後に、出前授業を担当するサポーターは、集合研修（座学）1回＋出前授業実技研修で認定を受けることができます。

更新研修で講師のモチベーションアップをサポート

一度認定されたらそのままずっと活動ができるわけではなく、その後は定期的に更新研修を受ける制度を取り入れています。例えばマスターの場合は年に3回の集合研修を受講します。（5月：教員向けセミナーの説明会、10月：教員向けセミナー振り返り兼ステップアップ研修、3月：ステップアップ研修）。

研修では、学校の現状に対する理解を深めたり、本活動が自身の主業務とどのように関連できるかを考えるワークショップを行ったり、外部から講師をお招きして講演いただいたり、講師の質やモチベーションの維持・向上につながるプログラムを実施しています。

受講者からは「自社の活動を振り返って、改めて活動について考えるきっかけになった」「議論やワークショップの進行をすることで、業務でプレゼンテーションを行う場面の改善につながった」「この活動の推進担当者だからこそ聞ける講演等があって大変興味深い」と、自身の成長と活動の重要性を再認識したという高い評価を得ています。活動のための

学校掃除サポーター更新研修会風景

定期的な研修自体が、教育貢献活動への継続意欲や、プロジェクトとしての一体感を強める機会として有効に機能すると共に、昨年の自身の研修を振り返り、その年の活動に対して気持ちを新たにすることにつながるのです。

２０１６年から始まった学校掃除サポーター更新研修は、全国の学校掃除サポーターの要望により実現した研修です。「より多くのサポーターと情報交換をしたい」「新たな教育知識やスキルを習得したい」との声に応えるべく、初年度は全国で約１５０人の認定サポーターを対象に開催しました。

参加したサポーターからは、授業で臨機応

CSR活動を推進する意義について話し合います　～学校掃除サポーター更新研修会にて～

変に対応するために必要な知識や、どのような意識で活動に臨むべきかを考えるワークには、「授業をする上での不安解消につながった」「他の人の活躍に刺激をもらった」「今後の活動に対し、さらに意欲的に使命感を持って参加できる」などの感想が寄せられています。

「何のため」本質を見失わないために

認定後も更新研修を行う目的としては、授業の質を下げない、講師のモチベーションアップのためだけでなく、活動の本質を見失わない、というねらいも含んでいます。加盟店と本部が共に取り組む学校掃除サポーター制度は、フランチャイズビジネスだからこそできるものですが、それゆえに配慮すべき点があることも事実です。

例えば、出前授業や教員向けセミナーはあくまでも社会貢献活動であり、販促活動ではない。そのことを理解し続けていただかなくてはいけません。そのためには、お互いが理解をし合うまで話し合うこともあります。

関わる全ての人に「この活動に関われて良かった」と思ってもらえるよう、大切なことはあえて直接確認し合う、更新研修はその意識啓発の場としての役割も果たしています。日々の仕事と学校での出前授業の活動を両立し、全力で取り組んでいただいている姿には感謝しかありません。この「何のため」という本質を見失わず活動し続けていくことこそが、学校および地域からの信頼を得ることにつながるのです。

【コラム②】学校掃除マスターとして地域の発展に尽力したい

（入社30年目　男性社員）

学校掃除マスター（一期生）

当時私は、お掃除や家事代行、害虫駆除をおこなうケアサービス事業の加盟店指導を担当していました。拠点責任者から学校掃除マスターの話があった時は、「この活動が売上につながるのか？」という疑問はあったものの、社会貢献活動と割り切ったこともあり、あまり抵抗なく受け入れることができたように記憶しています。

最初の研修で活動の内容を聞いた時は、正直言って自分がどんなことをやるのか、あまり理解できませんでした。ただ、この活動をするための学校掃除マスターとして認定されるまでには、3年ほどかかるという長期計画であることを知った時は、「そんなにやるの?」と正直驚きました。

活動の内容は、小学生に向けて掃除の授業をすることと、先生に対するセミナーの講師をするということだったので、最初はマニュアルをひたすら覚えました。もちろん、この活動は主たる業務ではないので、通常の業務にプラスしてやるわけです。今思えば結構苦労して準備をしていましたね。

最初に担当したのは、子どもたちに向けての45分の「出前授業」でした。もちろん緊張しましたが、内容は日頃やっている掃除の内容でもあり、比較的スムーズにできたように思います。一方で、教員向けセミナーは苦労しました。学校掃除マスターとして認定を受けるためには、6時間ほどのセミナーの内容を覚えなければなりません。それがなかなか覚えられなくて。内容はいくつかのパートに分かれていて、それぞれの出来をチェックされるのですが、掃育研のスタッフからのフィードバックが本当に厳しく、なかなか思ったようにできなくて、落ち込んだのを思い出します。

学校掃除マスターの認定を受けるチャンスは年に1回しかありません。ひとつでも担当するパートがうまくできなかったら次の認定は来年になってしまい、認定を受けるのに早い人で3年、私は4年かかりました。

●子どもの素直な反応が何よりの喜び

地域における出前授業は、市内近郊の学校からスタートしました。加盟店と一緒に活動するようになってからは、次第に活動の範囲も広がりました。担当地域は広いので、地域内に広めようと思ったら加盟店の協力が必要不可欠だったのです。当時は2加盟店と一緒に活動していましたが、今は12加盟店にまで広がっています。（2017年1月現在）

学校教育支援活動に関わって良かったと感じたことは、実際に授業をして子どもたちの反応を目の当たりにした時です。授業が終わって子どもたちが教室を出ていく時に「がんばってね！」と声をかけると、「今日からお掃除がんばる！」とハイタッチを返して

一生懸命ぞうきんを絞る練習をする子どもたち
～出前授業「キレイのタネまき教室」にて～

くれることも。素直に反応を返してくれる子どもたちに接すると、子どもたちが掃除をやる気になってくれて、この活動をしていて良かったな、という実感が湧いてきます。

学生時代には、教員を目指した時期もありましたので、この活動を通じて教育現場に関わり、学校で子どもと直接触れ合うことができたことは、ある意味、夢が叶ったと言えるのかもしれません。

●出前授業は地域に還元

最近では教員向けセミナーを受けた先生方から、「子どもたちにぜひ出前授業を受けさせたい」とご要望をお聞きすることがあります。そうなると地域の学校で加盟店が出前授業をすることができます。

地域の加盟店と一緒に出前授業に取り組めることが、学校掃除マスターとして大変嬉しいことです。加盟店だけで出前授業ができるようになることで、地域で出前授業の依頼がもっともっと増えるといい

一人ひとり、ぞうきんを洗って絞る練習をします
～出前授業「キレイのタネまき教室」にて～

な、という気持ちが湧いてきます。その一方で、そのニーズに対応しきれていないこともある。学校や、加盟店からも、もっと出前授業をやって欲しい、という声がどんどん上がっているので、本部としてそれらの声に応えるためにも、出来る限りのサポートに取り組んでいます。

加盟店は自分の地域における、地域貢献やネットワークを強める活動にも積極的に取り組んでくださいます。学校教育支援活動がきっかけとなって、地域の方々にダスキンのことをより知ってもらい、喜んでいただける活動が継続して実施されることで、加盟店は地域に根ざし、発展、成長につながっていくと思います。

●学校教育支援活動を広めるために、今の自分にできることを

学校教育支援活動は、全社としての取り組みなので、例えば人事異動で主たる業務の内容が変わっても、学校掃除マスターとしての活動は継続できると思っています。

部署が変わっても夏が近づくと、「教員向けセミナーをやらないと」という気持ちになるのは自分でも不思議ですね。年に数回、研修がありますが、そこに参加するとまた頑張ろうという思いになります。本格的に練習をするのは、自分が担当する教育委員会が決まり、セミナーの中のパートが決まってからですが、1回のセミナーに地域から数名の学校掃除マスターが参加しますので、各地でそれぞれ自分のパートを練習してきて、前日に現地に集まってのリハーサルをしてから本番を迎える、という流れがしっかりできています。これからもなんとかスケジュールを調整して、出前授業や教員向けセミナーに登壇したいと思っています。とくに教員向けセミナーは回数が限られていて一日がかりのカリキュラムなので、伝える内容も多い。一つひとつのパートは、やり続けないと忘れてしまうので大変なんです。

もし、異動になって学校掃除マスターとしての活動を止めてしまっていたら、この活動はいつまでも広まらなかったと思います。長期の研修を受けた会社の中でも限られた学校掃除マスターだからこそ、部署が変わっても調整をしながらできることをしていこうと思えるのです。今いるメンバーは、きっとみんな同じ思いでこの活動に取り組んでいると思います。

この学校教育支援活動で行った活動については、部署内のメンバーに報告することを心掛けています。私にできることはそうやってまず発信して活動を知ってもらうことなのかなと。加盟店向けの広報誌でも、出前授業や活動の実績を毎月紹介しています。社内に向けては、この活動の意義をたくさんの人に理解してもらえるよう、これからもできるだけ情報発信をしていきたいと思います。

関わっているメンバーも共通の思いだと思いますので、今後も全社活動としてさらに継続・発展させていくために、できることを一つひとつやっていきたいと思います。

第5章

地域と共に、学校と共に、ダスキン先生も成長!

■加盟店と共に取り組む学校教育支援活動

地域貢献部会の発足

２０１１年に「学校掃除サポーター制度」が発足し、翌２０１２年に出前授業に講師として立つ学校掃除サポーターの募集を開始したところ、このような社会貢献活動に以前から興味を持っていた加盟店、すでに地元でお掃除教室を独自でされていた加盟店等、多くの方々が手を挙げてくださいました。

さらに、全国の加盟店で構成される全国加盟店会の委員会の中に、地域貢献部会が発足。当時の全国加盟店会の理事長が「地域貢献活動といってもいろいろあるが、今回のテーマは学校教育支援活動（出前授業）でいきましょう。この活動を全国の加盟店に広げていく部会にしよう」と提言してくださったことも、その後の展開の強力な後押しになりました。

長期的発展を視野に入れた体制作り

加盟店と本部が一緒に取り組む体制を構築できたことは、ダスキンが学校教育支援活動を継続していく上で、非常に大きな意味のあることでした。

一般的に企業の社会貢献活動は、会社の業績や諸事情の影響を受けやすい部分がありま す。経営陣の交代により経営方針が変わると活動がなくなる、そんな企業も多いと耳にすることもあります。ダスキンの場合、本部だけでなく加盟店もこの活動に参加することで、継続的な発展を目指す道筋をつけることができたと感じています。それは、本部の体制が変わったとしても、地域に根づいた加盟店がこの活動を推進することに重要性を感じているからです。そしてそのことが、この活動が継続した取り組みとなっていくであろうと考えています。

加盟店オーナーの中にはこの活動の意義に賛同し、加盟店の社員全員で取り組もう、他の加盟店にもこの活動の重要性を伝えようと、一生懸命取り組んでくださる方もいらっしゃいます。そんな時、私たちは決まって「学校教育支援活動が続いているのは加盟店の理解と協力があってのことです」と、頭の下がる思いです。

どんなプロジェクトも、最後は人で決まるとよく言われますが、学校教育支援活動が全国へ広がっていったのも、あらゆる側面から活動を支えてくださる方々のおかげ。誰一人欠けても、現在のような発展はなかったでしょう。皆様の力が相まって広がっていったことは間違いない、と確信しています。

■「地域への恩返し」の気持ちで取り組む、加盟店のお掃除先生たち

地域に密着して活動している加盟店の方々が地域貢献活動にかける想いは、本部の私たちが想像する以上のものです。訪問させていただいたお宅が、出前授業でお伺いした学校の先生だったり、授業を受けたお子さんの家庭だったり……ということもあるそうです。地域で愛されるダスキンであるために、出前授業においても、日々さまざまな工夫や努力をしてくださっています。

この意識の高さは、研修に対する姿勢にも見てとれます。加盟店オーナーやスタッフのみなさんは、少しでも早く認定をもらおうと事前練習への取り組みも必死、真剣そのものです。

ある地域では更に一歩進んで、近隣の加盟店が互いに力を合わせて出前授業を推進していこうという動きもあります。例えば、講師を務める予定になっていたサポーターが何らかの都合でどうしても参加できなくなった場合には、隣の加盟店のサポーターが代役として登壇するのです。営業活動の場合、複数の加盟店が合同で活動を行えば、生まれた成果をどう配分するかという問題が生じます。しかし、出前授業ではその必要がありません。加盟店同士が力を合わせて、子どもたちに掃除の大切さを伝えるんだという同じ想いで取り組んでくださっているのです。

■「地域に根差す」加盟店だからこそ、受け入れられてきた出前授業

各地の加盟店の取り組みを見て感じることは、学校教育支援活動は社会貢献という枠にとどまらず、全国各地域で戦略的に取り組むべきビジネス活動の一環としても捉え直す必要があるのではないか、ということです。

もちろんこの活動ではダスキンの製品、サービスの紹介は一切行いません。また、授業を行うことで学校から報酬や交通費をいただくことも一切ありません。教育委員会や教員、そして保護者の方々からお褒めの言葉をいただくことはありますが、会社にとって直接的な利益を生み出すことはないのです。

しかし、ある学校の校長先生が「これ（出前授業）は立派な営業ですよ。営業とは何も商品やサービスを売ることだけではない。私は家でダスキンさんの商品を使っています。こういう立派な活動をしているダスキンさんの商品だからこそ、私は使い続けようと思います」と話してくださいました。出前授業を通じて生まれた信頼により、良識なブランド

イメージが各地域で根付いて行くのではないでしょうか。

実際、出前授業を通じて知り合った先生から「放課後に保護者に対してお掃除教室をやってもらえませんか？」という依頼をいただくこともあります。掃除の大切さを子どもたちに伝えるんだというまっすぐな気持ちから、ダスキンという企業に信用、信頼が生まれ、その結果このようなご依頼をいただけたのだと思います。

三重県のある加盟店では、お店から徒歩10分くらいのところにある小学校で、毎年出前授業を行っています。2年、3年と継続するうちに、少しずつ学校との信頼関係ができ、次第に身近な存在としてダスキンのことを受け入れていただけるようになりました。そんなある日、校長先生から「お宅の会社に授業の一環で、社会見学に行きたいのですが」という依頼があり、子どもたちをお招きすることに。当日は、ハウスダストについての話をしたり、マットやモップなどの製品を使ってもらったり、授業では伝えきれないことをお話し、ダスキンという会社についても子どもたちに知ってもらう良い機会になりました。

後日、社会見学をした子どもたちからのお礼の手紙が届きました。それは新聞形式になっていて、「ダスキン新聞」「お掃除新聞」など、子どもたちが思い思いの名前を付けてくれています。さらに、数カ月後に行われた授業参観では、ダスキンを社会見学した時の感想を子どもたちが発表してくれたのだそうです。

出前授業をきっかけに、その加盟店オーナーは、子どもたちにとって「知らないおじさん」から「掃除を教えてくれる先生」に変わりました。以来、それまで店の前を素通りしていた子どもたちが、毎朝「おはようございます！」と挨拶をしてくれるようになったのです。さらに、毎朝会社の周辺を掃除している加盟店オーナーの姿をみて、校長先生も自ら学校の周りを掃除されるようになりました。出前授業がお付き合いのきっかけとなり、今ではお店の周りから学校への道がどんどんきれいになっています。

また別の加盟店では、毎年従業員に対して勉強会を開催しているのですが、縁があって、近所の小学校の校長先生が勉強会で講演をしてくださることになりました。

校長先生は150名の従業員に向かって「ダスキンさんのやっている出前授業は本当に素晴らしい。商品の説明、売り込みではなく掃除の大切さをしっかりと教えてくれる。

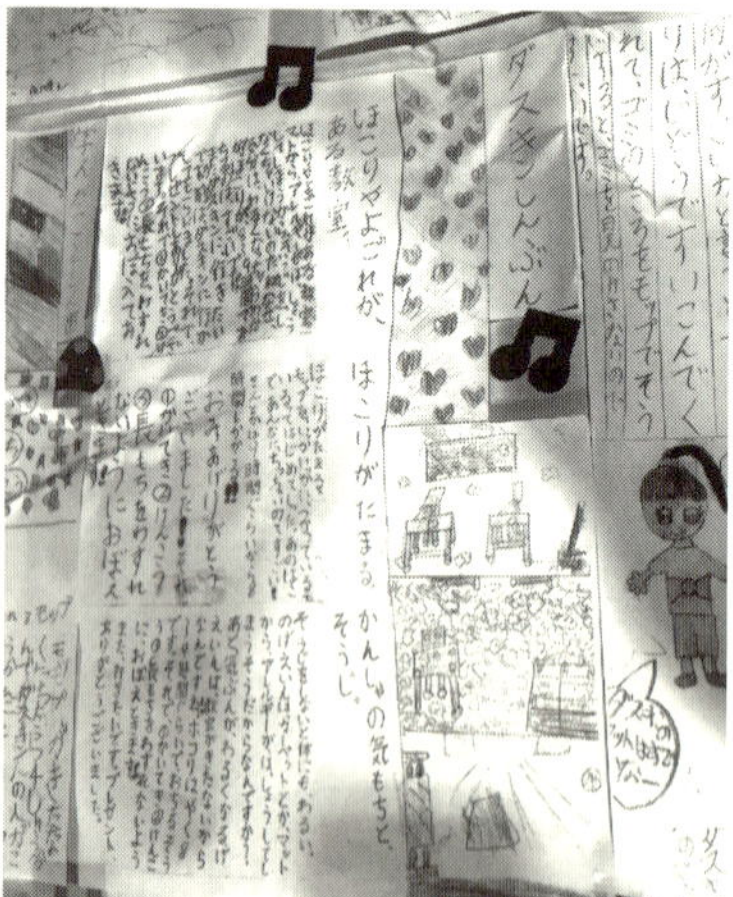

子どもたちから届いた「ダスキン新聞」

みなさんの活動は、本当に素晴らしい」という言葉をかけてくださったそうです。

通常、校長先生が一企業で講演をすることはあまりないそうです。ダスキンが真剣に「掃除を通じて子どもたちを育てる」という活動をしていることに賛同されたからこそ、お話をしてくださったのでしょう。地域に根づく加盟店だからこそ、信頼からその結びつきも強くなるのだと実感した出来事でした。

■子どもたちの笑顔に脱帽！ダスキン先生の成長の秘密は子どもたちにあり

「出前授業はある意味、やっかいな活動ですね。一度講師を務めたら、楽しくて虜（とりこ）になります。子どもたちに掃除のことをお話しして、ありがとうと感謝されるのです。そして研修で学んだことは、すべて普段の業務に役立ちます」

「私はいつも会議の時に『なぜこの人は私の言うことが理解できないのだろう？』と思っていましたが、子どもたちの前でお話しするようになってから『どういう風に説明したらこの人にわかってもらえるだろうか』と考えるようになりました」

これらは出前授業を経験したサポーターの感想です。出前授業は子どもたちが掃除の大切さを学ぶだけでなく、講師をするサポーターにも成長をもたらしています。また、この活動に取り組むことでお店の中に活気が生まれ、明るくなったと話す加盟店オーナーもいます。授業を終えて学校から帰ってきたサポーターが「子どもたちがこんな様子でね！」「こんな出来事があってね！」と興奮気味に話しているのを見ると、こんなに活気が出るのであれば、社員全員に講師をやってもらいたい、と感じるそうです。お店が明るくなり組織に活気が出れば、本業にも勢いが生まれます。

ぞうきんを絞る時、余分な水をこそげ落とすよ、オッケー！
～出前授業　キレイのタネまき教室にて～

ここで、学校掃除サポーター制度発足当初から学校教育支援活動に取り組んでいる埼玉の加盟店で活躍する2名のサポーターをご紹介しましょう。

「キレイのタネまき教室」で自分たちが成長していることを実感

この加盟店は、学校教育支援活動にいち早く取り組み始めました。当初は社長と本部長が中心となって行っていましたが、講師になりたいと名乗りを上げる社員が多く、講師の増員を決めました。その時に抜擢されたのが、森下さんと松本さんです。

もともと、人と話すことは好きだったという二人。しかし、最初の出前授業では緊張のあまり頭が真っ白になった場面もあったといいます。

「初めての授業では、子どもたちに私たちの思いがきちんと伝わったのか不安になりました。そこで、もっと自信をもって話せるようにと二人で猛練習をしたんです。今では『とても分かりやすい授業でした』と言っていただけるようになっています」（森下さん）。

授業は45分ですが、時には予期せぬトラブルが発生することも。ある学校ではパソコンが故障して映像が映せなくなり、とっさに紙芝居形式に切り替えて対応したこともありました。

「その場の空気を大切にしながら、臨機応変に対応できるようになりました。この意識は本業でも活かせているなと思います。お客様からの急なご要望にも焦ることなく対応できるようになりました」（松本さん）。

活動を通して普段の仕事にも変化が生まれました。森下さんは、低学年の子どもたちに、大人が普通に話す速度で話をしても伝わらなかったという苦い経験から、お客様に対しても、状況によって会話の表現方法を変えるよう意識をしました。すると会話のキャッチボールも弾み、お客様との距離が縮まったそうです。

また松本さんは、「恥ずかしながら、以

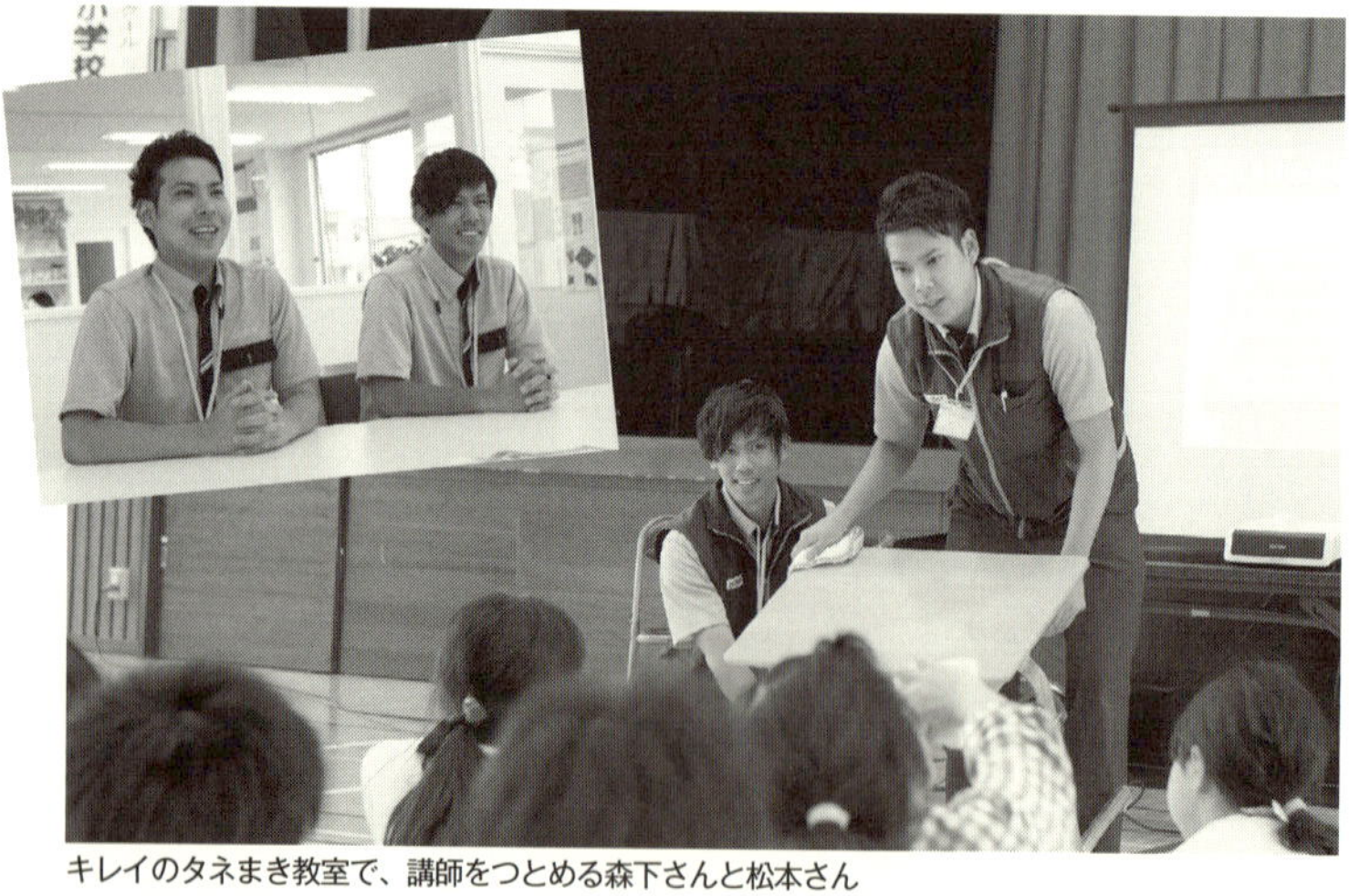

キレイのタネまき教室で、講師をつとめる森下さんと松本さん

前は決められたサービスをきちんと行いさえすればいいという気持ちがどこかにありました。しかし講師として大勢の子どもたちを相手にすることで視野が広がり、話すことも以前より好きになったように感じます。今では進んでお客様にお困りごとを尋ねたり、アドバイスを行ったりすることができるようになりました」と話しています。

学校掃除サポーターとして小学校の出前授業を行うことで、日々の業務では出来ないさまざまな体験を積みながら成長を続けている二人。出前授業という社会貢献活動を通じて社員が成長できることが、この活動に積極的に取り組んでいる理由のひとつといえるでしょう。

「私たちの目標は地域のすべての小学校で授業を行い、地域に愛されるお店になること。その実現に向け、これからも頑張ります」そう言って、森下さんと松本さんはさわやかに微笑みます。今後は若手の女性社員2名が活動に加わる予定があり、二人には先輩社員としての期待も高まっています。

■地域に支えられて拡がるダスキンファミリー

誰もが質の高い授業を行えるよう、説明方法や進行手順が定められている出前授業ですが、同じ授業でもこの活動にかける加盟店の思いはそれぞれ異なります。ここで、学校教育支援活動に取り組む3名の加盟店オーナーの想いを紹介しましょう。

「社会貢献」と「事業の成長」の両方に役立つ戦略的な活動

「10年以上にわたって、地域への感謝を込めたイベントの開催など、地域のためにという思いからさまざまな取り組みをしてきました」とある加盟店オーナーはお話しされます。しかしそれらの活動が、「本当に地域の皆様に望まれていたものだったのか、もしかしたら自分たちの独りよがりな活動ではなかったか」と、不安に思うことがあったそうです。

しかし、この「キレイのタネまき教室」を知った時、「これは間違いなく地域にとって望まれる活動だ」と確信。それは、地域に掃除の大切さを知らない子どもたちや、指導方法に悩む先生方がいらっしゃることを、日頃の活動を通じて感じていたからです。

同時にこの活動は、「本業のビジネスにも役立っている」と話されます。授業を受けた子どもたちが帰宅して「今日ダスキンの人が学校に来て、こんなことを教わったよ」と、家族に話をする。一日に100名の子どもたちに掃除を教えれば、ダスキンの取り組みはその後ろにおられる大勢の保護者にも伝わる。「キレイのタネまき教室」が、地域の方々にダスキンのことを知っていただく、ひとつの活動となるからです。

昨今、従来のCSR＝「企業の社会的責任」という概念に加え、CSV＝「共通価値の創造」という考えが注目を集めています。CSVとは「社会貢献」と「ビジネスとしての事業成長」の両方を高い次元で実現し、継続的な活動を目指すことをいいますが、このCSVの考えにも合致するタイムリーで戦略的な活動として「キレイのタネまき教室」に取り組んでくださっているのです。

「地域に根差している加盟店だからこそ取り組む必要がある」

「私も小学校の教壇に立ってたくさんの子どもたちとふれ合っています」という加盟店

オーナーは、「掃除ができない子どもが本当に増えている」と話されます。ぞうきんを絞る時に後ろから手を添えて一緒に絞ってあげてもうまくできない。また、長袖を着ていても袖をまくらずに、バケツの水に手を入れて絞ろうとする子どもたち。このような現実を目の当たりにすると、「掃除の会社」として子どもたちにもっと掃除の仕方を伝えていかなければ、と感じるのだそうです。

学校教育支援に積極的な企業は多々あります。大手企業の場合、本社から派遣された社員が全国の小学校で授業をするケースが多いようですが、この加盟店オーナーは「地元に根差すダスキンの加盟店こそ、この活動に取り組む意義は大きい。同じ土地で暮らし、同じ方言を話す加盟店が取り組むことで学校側も安心でき、子どもたちの中にも更にしっかりと入り込んでいけるから」そう考えているそうです。

「いずれ自分が引退し、次の世代へと業務をバトンタッチする時に、どれだけ地元に根ざし、認めていただいている会社であるかということはとても大切な問題です。そう考えると、短期的な利益の話とは別に、このような活動に積極的に取り組んでおく必要があります」

オーナーは将来を見据えて次のように話します。

「私たちにとっても地元の方々から『あの会社はこの街になくてはならない。』と思っていただけるような存在になるのが理想です」

「お掃除のことやダスキンのことを心に自然と刻んでほしい」

またある加盟店オーナーは「『♪ダスキンしましょう～』このダスキンのテレビCMのフレーズは、幼い頃に耳にして以来、私の心の中に刻まれています。今でも鮮やかに思い出すことができるんですよ」と話されます。子どもの心にも強い印象を与えたあのCMのようなインパクトが欲しい、そう考えていた矢先に「キレイのタネまき教室」の話を知り、子どもたちに「そういえば、あの時ダスキンのおじさんが掃除について教えてくれたな」という経験をもってもらうことで、掃除の大切さやダスキンの存在を心に自然と刻み込んで、馴染み深いものにしてほしいという願いから、活動に参加してくださいました。

みんなで教室をきれいにします。

「キレイのタネまき教室」はすぐに本業のビジネスに影響を与えるものではありませんが、掃除の大切さを子どもたちの心に刻むことで、10年、20年後に『お掃除のこと？　だったらもちろんダスキンだよね』と、自然に考えていただける深いつながりを築きたいと思っています」

だからこそこの活動で一番大切なことは「継続」、まさに継続こそが力だと、加盟店オーナーは話します。そのため、この活動にはノルマを設けないと決めているとのこと。「あと何回開催しよう、あと何人に授業をしよう」というように、ノルマを考え始めると、「しなければ」という気持ちが先に立ち、活動自体がダメになってしまうということを懸念されているのです。

継続して子どもたちの前に立つ、いろいろな会で発表を行う、少ない人数しか集まらなくとも活動し続けることで、ダスキンの考えを理解し賛同してくれる人を増やしていこう、そんな風に考えておられます。

加盟店と本部が共に掃除を通して次世代の子どもたちの育成にお役立ちできるよう、地域社会に「喜びのタネ」をまき続けていきたいと考えています。

第6章

特別対談
～「キレイのタネ」は、「成長の芽」から「喜びの花」へ～

●加盟店代表　株式会社ダスキン伏見　代表取締役社長　山脇 節子
●本部代表　株式会社ダスキン　代表取締役社長　山村 輝治

■子どもを取り巻く環境の変化
～学校教育支援活動を通じて感じること～

山村社長は教員の経験をお持ちですが、子どもや家庭、または学校における昔と今の違いについてどのようにお考えですか?

山村：私が小学生のころは、掃除は基本的に嫌なもの、「掃除＝サボる」、そんな考えがありました。先生からはよく叱られていました。自分が教員になり、教える側になっても「子どもがサボらないように、一緒に掃除をする」という感じでした。自分が親から教えてもらった掃除のやり方をそのままやっていただけです。

当時は家でもホウキを使っていたので、小学校で改めてホウキの使い方を教える必要がなかったのです。「ホウキで掃いて、ぞうきんで拭いて、黒板消しをたたく」という一連の掃除を行い、学校でも特に意識することなく行っていました。
学校教育支援活動で小学校を訪問した時に気づいたのは、私が子どものころ、教員時代、そして今と、使われている掃除用具が全く変わっていなかったことです。そのことの大変さは感じました。

今は、家にホウキやぞうきんがないご家庭がありますよね。山脇社長は、昔と今の違いについて、どのようにお考えですか？

山脇：まず、子どもの数が減って学校のクラスが少なくなっていますね。昔は集団登校していたのが今は数人で登校します。地域によっては子ども会もありません。たしかに子どもを取り巻く環境は変わっていると感じます。子どもがケンカや悪いことをした時に、お家の方や近所の大人たちは何が悪いかを教えたり、危ないことや人に迷惑をかけた時に注意する光景も見なくなりました。

山脇：それに私たちが子どもの頃は庭掃除や水まきなど家のお手伝いをしたものです

が、今はそのような姿もあまり見かけませんね。
当社の従業員も「私たちも自分の子どもにはお手伝いさせていないかも」と反省しています。

山村：トイレ掃除や風呂掃除など、身近にできることはたくさんありますが、それを全て親がやってしまうから子どもは自分でやらない。最近「うちの娘は料理ができない」という話を聞きますが、教えなければできるようにはならないでしょう。ですからある年代までは、家でのお手伝いの中に料理や掃除があって、それが親から子どもへと伝承されていく、見よう見まねで覚えていく、ということが必要だと思います。
私は教員のころ、「勉強と集団行動といった家庭ではできないことは学校で教えますが、それ以外は教えません」と、保護者の方々に伝えるべきだと考えていました。掃除や片付け、しつけに関することは、やはり親が責任をもって教えるべきではないかと。でも今は、学校が全部引き受けなければいけないようなところがあり、親の子どもに対する接し方も、変わってきているように思

左：株式会社ダスキン伏見　山脇社長／右：株式会社ダスキン　山村社長

います。

そうですね。

掃育研で行ったアンケートでも、保護者の方々も「教えなければいけないことはわかっているけれど、なかなかその時間が取れない」という回答が多くあるようです。

■掃除をビジネスとするダスキンが、なぜ学校教育支援活動を行うのか？

掃除の会社ダスキンとして、なぜこの活動を行われているのですか。

山村：この活動の前身は２０００年に発足した「暮らしの快適化生活研究所」でした。当時は、暮らし全般について研究していこうという意義を持っており、その一環として「掃除教室」をやろうとしました。ダスキンはフランチャイズ展開をしているので、加盟店と本部が共に進めていかないと、活動が止まってしまいます。継続した活動を全国各地の学校で進めるには、加盟店と一緒に取り組まなければ広がっていかないと考えました。そして一気には拡大せずに、最初はダスキン本社の近隣から進める検証を踏まえて導入してまいりました。

まずは、「掃除＝キレイ」を商いとするダスキンとして、子どもたちにきれいにすることへの関心を持ってほしいという願いがありました。掃除のやり方は

本来、親が教えるものだと言っていても、実際は異なるところもあるわけです。それなら誰かが教えなければならない。世の中から見るとダスキンは掃除のプロですから、やはり我々がやらなければ、という想いで広めていきました。

掃除がなぜ必要なのか。「汚れたところときれいなところ、どちらで暮らしたいか？」と聞かれたら、全員きれいなところで暮らしたいと言います。そのためには、誰かがきれいにしなくてはいけない。「掃除は自分の心のほこりを取り除くこと」だと、よく感じるのですが、誰かではなく自らがやっていくことが大切だと思います。

山脇社長のお店では「キレイのタネまき教室（出前授業）」の活動に早くから取り組まれ、サポーター（キレイのタネまき教室で子どもたちに教える従業員）もたくさん誕生していますが、なぜこの活動に参加してみようと思われたのですか？

山脇：ダスキンフランチャイズチェーン全国加盟店会の中にある地域貢献部会に参加して、学校における掃除教育の現状や重要性を話し合ったことがきっかけです。社会貢献活動としての出前授業は他にもさまざまな企業が行っていますが、私たちはお掃除の仕事を通じて地域貢献ができると感じ、手を挙げました。

■教える人が、一番成長する！

この活動に参加されたサポーターさんには、どんな変化がみられますか？

山脇：決められた時間の中で必要なことを伝えきるのは大変難しいことです。小学校の授業は1時限が45分なので、45分の中でまとめなければなりません。このキレイのタネまき教室に臨むことで、会議の時間を守ることや、どんな言葉を選べば相手に伝わるのか、という点で力がつきます。授業は子どもが理解できているかどうか確認しながら進行していくので、それが自然に訓練となり社内でのコミュニケーション向上にもつながっていると感じます。

山村：なぜ成長するかというと、人に教えるからです。相手に自分の言葉で物事を伝えることは、自分を成長させます。学校で話をする＝45分間、その時間は先生になるということですから、社会貢献活動でも責任が発生するわけです。学校では多くの子どもがおり、一人ひとり個性があります。その子どもたちにわかるように伝える技量が求められます。サポーターも、最初は一生懸命伝えるだけで精一杯でしょう。しかし何回もやっているうちに、その場の雰囲気に合わせることができるようになるのです。
大切なのは、掃除のやり方を教えることではなく、掃除に興味をもってもらうことです。サポーターとして経験を積んで、子どもたちに「掃除って面白いな！」

と思ってもらえる空気感をつくれるようになってほしいですね。そうなるには何回も経験することが大切なのです。現在600名ほどのサポーターがいると聞いていますが、その数を増やしていくと同時に、年に一回以上は子どもと関わる機会が持てるように活動を継続してほしいと思います。

通常加盟店の社長や店長がお客様に何かを教えることは多くありません。でも「キレイのタネまき教室」では教える側になります。私も経験がありますが、毎回準備をして、教材を作って、同じことを繰り返す中で一番学ぶのは教える側なのです。加盟店のサポーターのみなさんが子どもたちの前で、自分が一番得意とする掃除のことを話す。それによって話す側が一番、心豊かになっているのではないでしょうか。

■「掃育」としての出前授業、教員向けセミナー

山村：学校は知識を教え、仲間との協力を育む教育の場です。最近は「食育」という言葉も聞きますが、ダスキンの場合は「掃育」という位置づけだと思います。「掃

育」を通じて、きれいにする、片づけることの大切さ、片づけるとは「心を整理する」ということでもあるということを伝えればと思うのです。

夏期休暇に実施される教員向けセミナーを見学に行ったことがあります。夏の暑い時期に、掃除の研修なんて大変だなと思いながら見学しました。ところがセミナーが始まって少し経過すると、先生方の表情が変わってきて、終わる頃には本当に一生懸命取り組んでおられたのが印象的でした。

また「キレイのタネまき教室」は、体を動かす授業なので、子どもたちも楽しくやっています。食事は一生とり続けなければならないように、掃除も一生しなければならない。掃除の大切さときれいになることの楽しさを、感じてくれたらいいですね。

キレイのタネまき教室を子ども以上に熱心に聞いてくださるのは先生方なのだそうですね。

山脇：キレイのタネまき教室で訪問する学校の先生方は本当に協力的で、いつも私たちを歓迎してくださいます。掃除を通じて子どもたちに何かを伝えたいという意欲もお持ちですので、私たちもやりがいがあります。子どもたちが一生懸命話を聞いてチャレンジする姿を見て、私たちが感動して嬉しい気持ちになっています。ダスキンの仕事をしているからこその経験だと言う従業員もいますし、私自身もダスキンの経営をさせていただいているからこそ、地域でこのような経験ができるのだと感謝しています。

■フランチャイズ加盟店と本部がともに活動に取り組む意義

フランチャイズ加盟店と本部が共に社会貢献活動に取り組む意義についてどうお考えですか?

山村：ダスキンはフランチャイズ展開をしているので、このような社会貢献活動も加盟店と本部が一つとなりやるものだと考えています。ダスキンが社会貢献の一つとして障がいのある方々を支援する「公益財団法人ダスキン愛の輪基金」も、最初はミスタードーナツから始まりましたが、今ではダスキンファミリー全体だけでなく一般の方も参加する取り組みになっています。このキレイのタネまき教室も同じように、きっかけは本部が作るかもしれないが、活動は加盟店と一緒にやることが大切です。本部が開発をして、開発したものを加盟店と本部が一緒になって展開していく。それがフランチャイズシステムです。特にキレイのタネまき教室は、加盟店が自店の地域の学校へ出向くことに意義があります。同じ地域の子どもたちに教えることでつながりができ、継続していくことで信頼関係も生まれてきます。

同じ地域で生まれ育ったダスキンの従業員が、その地域にある学校に出向くところが、特徴ですね。ダスキンの強みは、現場の活動をフランチャイズ加盟店

ダスキン学校教育支援活動を紹介するポスター

がやっているというところでしょう。

山脇：キレイのタネまき教室をきっかけに学校から掃除の相談を受けることもよくあります。山村社長もおっしゃっているように、同じ方言を話しているサポーターが行くことで、先生も子どもたちも安心して接してくださることを強く感じます。この地域にはこの店がなくてはならない、と言われるような店でありたいですね。そのためには無理なく続けていくこと、その考えに共感してくれるサポーターを育てることが大切だと感じています。

■国からの表彰は、全サポーターがいただいたもの

学校教育支援活動が拡がり、経済産業省や文部科学省から評価、表彰していただいたことに対してはどうお考えですか？

山村：社会貢献活動とは地道にやっていくものだと考えていますが、評価していただ

くのは嬉しく、また誇らしいことです。2013年度　第4回キャリア教育アワード大企業の部で優秀賞をいただきましたが、これは株式会社ダスキンではなく、この活動に取り組んだ人たち全員でいただいた賞だと思っていますので、「加盟店のみなさんとともに表彰を受けました！」という発信をしていくことも良いでしょう。どの地域でも想いをもって活動をしていただいているからこそ、このような評価が得られたのです。
本部の役割としては、社会貢献出来る活動を続けていくことだと思います。

表彰を受けて改めて活動の重要性を感じられたのではないでしょうか。

山村：活動している加盟店を初め、この活動に携わるすべての方々が、自身の仕事を誇らしいと感じ、もっとこの活動に取り組んで、子どもたちに、「掃除の大切さが伝わるような授業をしたい」と思っていただけることが、大事なことですね。

■社会貢献活動を通じてONE DUSKINへ

まず自らが活動に取り組もうという意識を持っている加盟店オーナーが多くいらっしゃいます。そこにはダスキンの企業スローガンである「喜びのタネをまこう」の共通の認識があるように思いますがいかがでしょう。

山村：ダスキンの事業に加盟する際は、ダスキンの経営理念に賛同いただくことが一番の条件です。創業以来、時代が変わっても継承し続けているのが経営理念です。さらに各加盟店オーナーがそれを従業員にも伝えてくれているところが大きいと思います。

私たちは加盟店と本部といいますが、お客様から見ればすべてダスキンなのです。だから加盟店、本部の垣根なくこのような活動には一緒に取り組むことが大切であり、一緒に広めていこうという気持ちが「ＯＮＥ ＤＵＳＫＩＮ」につながるのです。

山脇：ダスキンが一つであるために、現場や地元でしっかり頑張ろう、という思いがあります。地域で信頼を築くために感謝祭などの地域活動もやっていますが、このキレイのタネまき教室のように全国の加盟店で、統一された活動は本当に素晴らしい取り組みです。どの加盟店も「地域に密着していきたい」という想いが強いので、未来を担う子どもたちと地域でコミュニケーションをとれることがありがたいですね。

最近では学校に行った後、お店で従業員と学校掃除の話をします。

家庭で会話する中で「私たちの学校にはいつ来てくれるの?」という声があったり、また、子どもたちから「あ、ダスキンさん!」と声をかけてくれたり。地域に根付いていくことを実感する機会は多いです。講師をするサポーターが、実はその学校の卒業生だったということもあります。

■喜びのタネまきを通じて大きな花を咲かせよう

最後に、これまでの発展と今後の展望についてお聞かせいただけますか?

山村:この活動がここまで発展できたのは、最初から一気に広げず小さな範囲から始めたこと。そして全加盟店ではなく、まずこの活動に賛同した加盟店で展開したことが大きかったと言えます。ビジネスではないので、活動の趣旨に共感、理解をしてくれたからこそ、掃除を通じて互いの心が豊かになるという活動に育ったのではないかと思います。

教育は教える人と受ける人のお互いが成長する場なので、関わる人の成長につながる時間になれば良いと思います。学校教育支援活動は学校や子どもたちの成長に関わっていく社会貢献活動です。だからこそ「自分たちが一番得意としている掃除のことを、次世代に正しく伝えよう」「一人でも多くの人に掃除に関心を持ってもらい、学校や家庭、地域から日本をきれいにしよう」という活動になってほしい。そういう気持ちで地域の小学校で、継続していくことが大切だと思います。

キレイのタネまき教室に繰り返しお申込みいただいたり、毎年一年生が入ってくるので授業に来てほしいという声も多いそうですね。日々の掃除の時間に、たまにのぞいてもらえると子どもたちの刺激になるので来てほしい、と言ってくださる学校もあるとお聞きしています。

山脇：そうやってご縁がつながっていくのは私たちにとっても嬉しいことです。キレイのタネまき教室のあと、学校の先生にアンケートや感想文をお願いするのですが、「体を動かしながら一緒に授業をやったことが心に残っている」など、書かれたものを読んでいると、感動で胸がいっぱいになります。各加盟店では地元、地域でこれまで仕事ができている感謝の思いを独自で伝えることが多かったので、活動が統一されたことにより、時代にあわせた地域貢献ができることを嬉しく思っています。喜びのタネまきを通じて全国津々浦々で、ダスキンファミリーとしての大きな花を咲かせることができればと願っています。

柄が短く片手で使う。
柄がない。
ほうきのいろいろな編み
ほうき

謝辞

ダスキンが教育CSR活動を推進していく上で、活動の目的や想いを共有するパートナーや専門家とのつながりは欠かすことのできないものでした。学校教育支援活動が始まった頃から社外パートナーとして支えてくださっている株式会社キャリアリンク様、東京学芸大学の大竹美登利教授、そして教育委員会や学校の現職の先生など、いくつかの転換期に多くの良きご縁に恵まれたことが、ダスキンにとって何よりの幸運であったと実感しています。

ダスキンが本格的に学校教育支援活動に取り組み始めたのは、教育コーディネートを手掛けるキャリアリンク様との出会いがあってのことです。

きっかけは、当時、国の公募事業で産業界との協力事業を計画していたキャリアリンク様が、清掃関連サービス業を行っている私たちの活動に目を留めて「小学校で掃除の授業をしませんか?」と声をかけてくださったことでした。当時はまだCSRという言葉もあまり知られておらず、社会貢献活動の取り組みをしていたのはごく一部の大手企業のみ。しかもその多くは、当初学校からのニーズの高かった「環境」や「食」をテーマにした授業に関わる企業で、掃除をテーマにしている企業はありませんでした。

そのような中、学校掃除をキャリア教育に応用するという、時代を見据えた提案とともに、当時から今日に至るまでこの活動をサポートしてくださっているのです。

また、学校教育支援活動の意義や成果を周囲に伝える際の影響力を考えた時、教育の専門家の支援や指導があるということは、大きな信用・信頼につながります。

東京学芸大学の大竹美登利教授とは、日本家政学会で共同研究の発表をさせていただきましたが、大竹教授のご協力とご指導があればこそ、学校教育支援活動がよりいっそう現場に根づいたものになったことは間違いありません。大竹教授には、ただただ、感謝するばかりです。

教員向けセミナーや出前授業カリキュラムの作成に伴い、ご意見をくださった教育委員会の先生、また現職の校長先生や、直接子どもたちに指導されている先生、そしてダスキンのOB・OGの諸先輩方にも感謝致します。

そして、この活動を日本中に広めることができたのは、学校掃除マスター、アシスタントマスター、サポーター、加盟店の方々の力があればこそ。立場や職務の違いを超え、共に学校教育支援活動の発展に尽くしてくれる仲間にも、改めて感謝の気持ちを述べたいと思います。

大変多くの方々から評価をいただいているこの活動を、今後も目的をしっかりと携えて進めていくことで応えてまいります。

私たちが取り組む学校教育支援活動の出前授業は、「キレイのタネまき教室」と名付けています。まいたタネ（種）が芽吹き、やがてきれいな花を咲かせるように、掃除を通じたこの活動が子どもの成長や地域の発展につながり、日本中にきれいな花となって広がっていくことを願ってやみません。

２０１８年３月

みんなでつくろう キレイをいっしょに

ダスキンの概要

《ダスキン創業者　鈴木清一》

1911年（明治44年）、愛知県碧南市に生まれる。就職後、肋膜を患い養母の愛情に救われた影響から金光教に入信。1938年、一燈園に身を投じ托鉢求道の生活に入る。1944年、ダスキンの前身であるケントク創立。以後「道と経済の合一」を願う祈りの経営を生涯追求。1963年、ダスキン創業。掃除用具のレンタル事業をフランチャイズシステムにより全国展開し、画期的な流通組織を確立。1971年、ミスタードーナツ事業の導入をはじめとする多角化に乗り出し、日本初の複合フランチャイズ企業として、ダスキン企業グループ及び加盟店を率いた。1980年、68歳で永眠。

《ダスキンの経営理念》

祈りの経営ダスキン経営理念
一日一日と今日こそは
あなたの人生が（わたしの人生が）
新しく生まれ変わるチャンスです
自分に対しては
損と得とあらば損の道をゆくこと
他人に対しては喜びのタネまきをすること
我も他も（わたしもあなたも）
物心共に豊かになり（物も心も豊かになり）
生きがいのある世の中にすること　合掌
ありがとうございました

《ダスキン本社の会社概要》

社　名：株式会社ダスキン【DUSKIN CO., LTD.】
本　社：〒564-0051 大阪府吹田市豊津町1番33号
代表者：代表取締役社長 山村 輝治

・設立1963(昭和38)年2月4日
・資本金113億円（2017年3月31日現在）
・売上高1,342億円（2017年3月期）単体／1,618億円（2017年3月期）連結
・全国チェーン店お客様売上高3,845億円（2017年3月期）
※フランチャイズ加盟店の売上含む
・従業員数1,954名（2017年3月31日現在）単体／3,528名（2017年3月31日現在）連結

事業領域

◆クリーン・ケアグループ

ダストコントロール
清掃・衛生用品のレンタルと販売……1,979拠点

サービスマスター
プロのお掃除サービス……1,064拠点

ターミニックス
害虫獣の駆除と予防管理……537拠点

メリーメイド
便利な家事代行サービス……745拠点

トータルグリーン
緑と花のお手入れサービス……114拠点

ホームリペア
住まいの補修サービス……2016年4月事業スタート

ユニフォームサービス
ユニフォームのリース・販売とクリーニング……212拠点

ヘルス&ビューティ
自然派化粧品と健康食品の販売……482拠点

ドリンクサービス
天然水やコーヒーの定期お届け……659拠点

レントオール
イベント用品や日用品などのレンタル……113拠点
(内、日用品取扱:74拠点)

ヘルスレント
介護用品・福祉用具のレンタルと販売……144拠点

ホームインステッド
ご高齢者の暮らしのお手伝い……105拠点

ダスキンヘルスケア
医療・福祉施設の環境づくりのサポート……218拠点
(契約施設数)

◆フードグループ

ミスタードーナツ
手づくりドーナツと多彩なメニュー……1,158店

かつアンドかつ
こだわりのとんかつレストラン……13店

ベーカリーファクトリー
いつも焼きたて郊外型ベーカリー……3店

ザ・シフォン&スプーン
ふんわりしっとり食感のシフォンケーキ専門店……9店

パイフェイス
オーストラリア発祥のパイ専門店……3店

モスド
ハンバーガーとドーナツのお店……2店

拠点・店舗数(2017年3月末現在/国内のみ)
※拠点数は稼働店舗数です。
※拠点には複数の事業を兼任する店舗があるため、実際の店舗数とは異なります。

株式会社ダスキン【DUSKIN CO., LTD】会社沿革

●1963(昭和38)年	2月	モップ(ダストコントロール商品)の初の生産拠点を大阪府吹田市に工場開設
●1964(昭和39)年	10月	化学ぞうきん「ホームダスキン」全国発売開始
●1969(昭和44)年	8月	国際フランチャイズ協会(IFA)に、日本初のメンバーとして入会
●1971(昭和46)年	1月	プロのおそうじサービスのサービスマスター事業を開始
	4月	ミスタードーナツ事業を開始
●1976(昭和51)年	11月	株式会社アガとの提携により、化粧品販売開始(現ヘルス&ビューティー事業)
●1977(昭和52)年	4月	害虫駆除事業(現ターミニックス事業)を開始
	8月	ベビー用品などレンタルの総合百貨店としてレントオール事業を開始(現ダスキンレントオール事業)
●1978(昭和53)年	12月	ユニフォームレンタル事業(現ユニフォームサービス事業)を開始
●1982(昭和57)年	7月	医療関連施設のマネジメントサービスを開始(現株式会社ダスキンヘルスケアにて運営)
●1989(平成元)年	7月	家事代行サービスのメリーメイド事業を開始
●1993(平成5)年	10月	ダストコントロール事業における新フランチャイズシステム「ダスキンサーヴ100」の活動スタート
●1994(平成6)年	12月	台湾でのダストコントロール事業を開始
●1999(平成11)年	2月	とんかつレストランのかつアンドかつ事業を開始
	4月	オフィスのコーヒーや宅配水のケータリング事業を開始(現ドリンクサービス事業)
	11月	庭園樹木管理サービスのトゥルグリーン事業を開始(現トータルグリーン事業)

▶会社沿革◀

●2000(平成12)年	5月	中国(上海)でのミスタードーナツ事業を開始
	6月	高齢者支援サービスのホームインステッド事業を開始
●2004(平成16)年	10月	台湾でのミスタードーナツ事業を開始
●2006(平成18)年	11月	中国(上海)でのダストコントロール事業を開始
	12月	東京証券取引所・大阪証券取引所の各市場第一部に上場
●2011(平成23)年	8月	マレーシアでのミスタードーナツ1号店がクアランプール近郊にオープン
●2012(平成24)年	3月	韓国でのダストコントロール事業を開始
●2013(平成25)年	11月	焼きたてパンの製造販売の店ベーカリーファクトリー事業を開始
●2014(平成26)年	11月	シフォンケーキ専門店のザ・シフォン&スプーン事業を開始
●2015(平成27)年	5月	インドネシアでのミスタードーナツ1号店がジャカルタ近郊にオープン
	10月	総菜パイの専門店パイフェイス事業を開始
	10月	ダスキンミュージアムを開設
●2016(平成28)年	4月	住まいの補修サービスのホームリペア事業を開始

2017年3月末現在

学校教育支援活動沿革

２００１年度	・学校掃除における実態調査（児童・生徒からみた学校の掃除実態調査） ・学校掃除における実態調査（先生からみた学校の掃除実態調査）
２００２年度	・掃除用品と掃除情報提供による検証活動
２００３年度	・公募プロジェクト「産業界との協力授業」への参画・実践
２００４年度	・ダスキン教育支援カリキュラム　小学校向け（中・高学年用）オリジナル掃除教育カリキュラムの公開 ・学校の掃除教育研究会「掃除時間の運用と掃除教育カリキュラムの活用研究」開催
２００５年度	・ダスキン教育支援カリキュラム　小学校向け（低学年用）オリジナル掃除教育カリキュラムの公開 ・学校の掃除教育研究会発足「毎日の掃除時間を通して育まれる「段取り力」の研究」開催 ・教育関係者対象「子どもたちの掃除を考えるフォーラム」開催
２００６年度	・教育関係者対象「子どもたちの力を伸ばす掃除を考えるフォーラム」開催
２００７年度	・ダスキン教育支援カリキュラム　中学校向け（全学年用）掃除教育カリキュラムの活用研究 ・ダスキン教育支援カリキュラム　小学校向け（中・高学年用）お片付け教育カリキュラムの活用研究 ・教員向けセミナープログラムの検証
２００８年度	・一部地域にて、教員向けセミナー「子どもたちの力を伸ばす学校掃除セミナー」開催 ・小学校向け出前授業プログラムの検証開始
２００９年度	・ダスキン教育支援カリキュラム　中学校向け（全学年用）掃除教育カリキュラムの公開 ・ダスキン教育支援カリキュラム　小学校向け（中・高学年用）お片付け教育カリキュラムの公開
２０１０年度	・ダスキン教育支援カリキュラム　小学校向け（全学年用）掃除教育カリキュラムの改訂

▶学校教育支援活動沿革◀

2011年度	・学校掃除における実態調査(児童・生徒からみた学校の掃除実態調査) ・学校掃除における実態調査(教員からみた学校の掃除実態調査) ・学校掃除サポーター制度発足
2012年度	・小学生向け出前授業 キレイのタネまき教室「おそうじについて学ぼう!」実施(一部地域)
2013年度	・経済産業省主催　第4回キャリア教育アワード大企業の部　優秀賞受賞
2014年度	・文部科学省主催　「土曜日の教育活動推進プロジェクト」への参画 ・学校の掃除教育研究会「今の子どもたちを取り巻く環境、学校の実情に合わせて、学校掃除で伸ばせる力について考える」開催
2015年度	・学校掃除における実態調査(児童・生徒からみた学校の掃除実態調査) ・学校掃除における実態調査(教員からみた学校の掃除実態調査)
2016年度	・文部科学省主催「青少年の体験活動推進企業表彰」大企業の部　審査委員会特別賞受賞

2017年3月末現在

学校に「お掃除先生」やってきた！
子どもも社員も成長する「キレイのタネまき教室」

2018年3月23日〔初版第1刷発行〕

著　　者　株式会社ダスキン
発 行 者　佐々木 紀行
発 行 所　株式会社カナリアコミュニケーションズ
〒141-0031　東京都品川区西五反田6-2-7 ウエストサイド五反田ビル3F
TEL　03-5436-9701　FAX　03-3491-9699
http://www.canaria-book.com
印 刷 所　本郷印刷株式会社
装　　丁　株式会社シーネット
D T P　安藤　司デザイン事務所

ISBN 978-4-7782-0422-8　C0037